U0629012

优秀传统文化融入小学语文教学研究

何福英◎著

 中国出版集团 现代出版社

图书在版编目（CIP）数据

优秀传统文化融入小学语文教学研究 / 何福英著.
—— 北京 ： 现代出版社，2021.8
　　ISBN 978-7-5143-9393-4

　　Ⅰ．①优… Ⅱ．①何… Ⅲ．①小学语文课－教学研究
Ⅳ．①G623.202

中国版本图书馆 CIP 数据核字(2021)第 170590 号

优秀传统文化融入小学语文教学研究

作　　者：何福英
责任编辑：陈秀香
封面设计：白白古拉其
出版发行：现代出版社
通讯地址：北京市安定门外安华里504号
邮政编码：100011
电　　话：010-64267325 64245264 （传真）
网　　址：www.1980xd.com
电子邮箱：xiandai@cnpitc.com.cn
印　　刷：廊坊市海翔印刷有限公司
开　　本：787mm×1092mm　1/16
印　　张：11
字　　数：247 千字
版　　次：2022 年 8 月第 1 版　　2022 年 8 月第 1 次印刷
书　　号：ISBN 978-7-5143-9393-4
定　　价：48.00 元

前　言

中华优秀传统文化是中华民族智慧的结晶，具有很高的审美价值和很强的艺术感染力，对于陶冶学生情操，培养审美能力，提高学生文化素养至关重要。而小学语文教学作为传承中华优秀传统文化的重要载体和主阵地，成为弘扬传统文化的重要载体。

语文是最重要的交际工具，是人类文化的重要组成部分。小学阶段，新课程标准要求语文教学应致力于学生语文基本素养的形成和发展。语言文字是中华优秀传统文化的载体，是学习中华优秀传统文化的基础。只有掌握一定的语言文字基础，才能更好地了解和学习中华优秀传统文化博大精深的内涵。因此，小学语文教师要加大力度对学生语言文字基础的培养，为传承中华优秀传统文化打下深厚的基础。

在全球化时代背景下，文化软实力日益成为综合国力的重要组成部分，而中华民族5000 多年的悠久文明和灿烂文化正是我国文化软实力的集中体现。如果能够在启蒙教育阶段把中华民族的优秀传统文化渗透给小学生，就能够从小培养学生的道德修养、思想素养。同时，使小学生对传统文化产生浓厚的学习兴趣，长大后更能够成为国家的栋梁之材，为社会主义建设做出自己的贡献。

本书以弘扬民族传统文化为核心，以小学语文为基本点，主要从传统文化与小学语文教育、传统文化融入小学语文教育的价值、传统文化融入小学语文教学的途径与方法、传统文化融入小学语文教学的内容及主体要求和传统文化融入小学语文教学的案例实践这 5个方面展开研究，旨在实现优秀传统文化与小学语文的完美融合，使小学生从小就受到传统文化的洗礼，树立自己正确的人生观和价值观，并逐渐成人成才。

作　者
2021 年 3 月

目 录

第一章 传统文化与小学语文教育

本章主要从传统文化与小学语文教育的内涵、传统文化与小学语文教育的关系、传统文化融入小学语文教育的重要性和必要性、传统文化融入小学语文教育的当前境遇4个方面来讨论传统文化与小学语文教育的相关内容。

第一节 传统文化与小学语文教育的内涵

要研究小学语文教育中的传统文化，势必要站在新课标新理念的高度，从传统文化与教育、语文教育及其相关理论入手，来审视和探究小学语文教育中传统文化传播与渗透的途径和方法。我们要从传统文化的内涵和语文教育的内涵切入，着手弄清一系列相关问题。

一、何谓传统文化

（一）关于传统文化的几种说法

传统文化，是一个相对"文化""现代文化"而产生的名词。一种意见认为："中国文化或中国传统文化，代表了中华民族的特点，反映了中国氏族社会晚期、奴隶社会、封建社会三个历史阶段的政治和经济状况，是具有各种知识价值的精神成果的总和。它包括了古代哲学、宗教、科技思想、文学、艺术、思维方式、习俗，等等，并形成一个具有内在联系的有机整体。"概而言之，中国传统文化是我们的先辈传承下来的丰厚遗产，曾长期处于世界领先的地位。传统文化是历史的结晶，但它并不只是博物馆里的陈列品，而是有着活的生命。"传统文化所蕴含的、代代相传的思维方式、价值观念、行为准则，一方面具有强烈的历史性、遗传性，另一方面又具有鲜活的现实性、变异性，它无时无刻不在

1

影响、制约着今天的中国人，为我们开创新文化提供历史的根据和现实的基础。"

一种说法是古人创造的可供今人继承的文化成果，称为传统文化。这里说的古人的文化就是指从远古经中世纪直至近现代史各个时期人们创造的文化。而后半句"可供今人继承的"有特定的限制意义，就是说这种古人的文化中能继承的部分才可构成传统文化，不能继承的是昙花一现的、特定时期的文化，没有继承的意义和价值，不能叫传统文化。例如，古代刑律中的烙刑，用火烧烤罪犯；刖刑，砍掉手足；劓刑，割鼻子，这是古代某一历史时期的刑律文化，今天完全过时，不会提出继承的问题，就不能构成今天可继承的传统文化。又有一种说法，就是历史过程的一切遗产都是传统文化，所谓历史遗产就是，前人创造的物质财富、精神财富和制度性的遗存。简言之，传统文化就是文化遗产，也就是前人留下来的广义概念的文化。笔者认为上述说法从不同角度表达了对传统文化内涵的看法，都有相对的科学性，人们可根据研究问题的需要和角度予以采纳。

（二）中国传统文化概念解读

中国传统文化作为一个大概念，是由"中国""传统""文化"3个较小概念组合而成的。而在很多相关或相类似的著作、文论中都对它们做了各自的界定，具体内涵虽各个不同，但都大同小异。笔者参考前人的论述，只做一些基本的阐释。

中华民族是中国传统文化的创造主体。"中华民族"是包括中国境内诸民族的共同称谓。

所谓"传统"是由"传"和"统"两个字构成的，纵向曰"传"，是指时间上的历时性、延续性，是指那些过去有的、现在仍然在起作用的东西，是一代一代传下来的活的东西；横向曰"统"，是指空间的拓展性和权威性。传统，是指世代传承的具有自身特点的社会历史因素，作为历史延传下来的思想道德文化、制度规范、风俗习惯、宗教信仰、文学艺术乃至思维方式、行为方式的总和，它无处不在，或隐或现，时时刻刻在影响着我们的社会，影响着我们的生活。传统不仅仅是指过去存在过的东西，它更是指活在现在的过去。按照大家比较认可的说法，传统是"历史上流传下来的社会习惯力量，存在于制度、思想、文化、道德各个领域。……对人们的社会行为有无形的控制作用"。传统是不能选择的，不管人们是否喜欢、愿意，传统对人而言，已是历史和现实的存在。传统也不是一个凝固的概念，在连接和传衍中它会发生变异，会不断被赋予新的内容。只有后来者不断为既存的传统增添新的内容和新的典范，使固有传统和新成分实现高度融合，传统才更充实、更有价值，才有可能不着痕迹地融入现在，成为活着的传统。传统既是现在的过去，又是现在的一部分。

"文化"作为一种观念形态的东西，总是处于一种不断产生又不断淘汰的过程中。因而，只有那些具有重要价值、具有生命活力的文化才得以积淀、保存、延续下来，成为后世文化的主要组成部分。本书主要探讨精神创造领域的文化现象。本书这样解释并使用文化：文化是一个民族或一个地区的群体在其历史的发展进程中所创造的一切有利于该民族或该群体生存、繁衍的物质与精神的生活方式。

传统文化就是具有重要价值、具有生命活力因而得以积淀、保存、延续下来的文化。传统文化是历史的结晶，但它必须是具有鲜活生命力的东西。它所蕴含的、世代相传的思维方式、价值观念、行为准则，一方面具有浓厚的历史性、遗传性，另一方面又具有强烈的现实性、变易性。中国传统文化的重点在中国文化的昨天，就是指以中华民族为创造主体，从远古至清晚期以前这漫长历史中，在中国这块土地上形成和发展起来的，具有鲜明特色和稳定结构的，世代传承并影响整个社会历史的，宏大的古典文化体系。

（三）语文教育视野中的传统文化内涵

中国传统文化展现着中华民族先民的性格，蕴含着中华民族优秀的文化品质和文化精神，也反映着中华民族整体的价值取向和审美追求。民族的文化影响着一个民族的兴衰。在我国，传统文化烙印在了每个人身上，并成为每个中国人生活中不可缺少的重要部分。

中国传统文化多种多样，主要分为两类：一是精神类的文化，二是物质类的文化。精神类的文化包括两方面：各种民俗和流传下来的各种思想。思想文化主要是指历史上各个著名的思想家的思想，主要包括孔子的教育思想、孟子的"仁政"思想、朱熹的哲学思想、王阳明的"格物致知"思想等；物质类的文化主要包括古建筑、古玩、古文、民族音乐、民族戏剧、书法字画等。这些都是中华民族的老祖先留给我们的宝贵财富，我们应该把它们好好继承下来，并且发扬光大，造福子孙后代。

中国传统文化不仅内容非常丰富，而且文化的表现形式也是异彩纷呈的。然而丰富的内容和多样的形式却也有其基本的文化精神。首先，"人文"精神。"中国传统文化中的这种精神具有重视人的道德素养，主张人们通过自身学习成为品格高尚的人、有理想的人的特征。"其次，"自然"精神。中国道家认为，人们应当遵循自然规律办事，不应该违背规律。当然并不是要人们在自然面前无所事事，而是在不伤害自然的前提下，从自然中获得人类需要的生活资料，否则将会遭到自然的惩罚。最后，"会通"精神。中国的传统文化之所以能够5000年来延续至今，最主要的原因是各种文化的相互融合和主动地学习国外的先进文化。首先，由于中国有56个民族，各民族文化相互学习，相互提高，弥补自身民族文化的缺陷，学习先进的文化。其次，儒家、道家、佛家等文化相互融入，以及各个学派之间文化的相互借鉴，都丰富了中国传统文化的内容。最后，中国传统文化还积极地学习国外文化，从汉代传入中国的佛教文化，到清代的"师夷长技以制夷"政策，都在一定程度上让中国的传统文化更有包容性。传统文化是历史的产物，因而它也必然带有一定的历史特点，同时也具有现代价值。比如，儒学经过了长时间的历史演变发展，人们仍然喜欢读《论语》《孟子》和《荀子》等书，"温故而知新"，可以从这些古典名著中得到关于人生的启示。还有《老子》《庄子》等书也有类似的作用。这些经典著作世代相传，百读不厌，这就说明他们的学说理论具有现代价值。传统文化包含的不仅有观念文化，还有关于古器物以及书法、绘画、服饰、饮食、古建筑等也不能忽略。但对于小学语文教学则重在观念文化和书法等。

小学语文教育中渗透与传播的传统文化，其范畴和内涵都应与文化学中的"文化"有所不同。

首先，在文化的四个层面，即物质文化、制度文化、行为文化与精神文化中，语文教育中的"传统文化"应以"精神文化"为主，其他层面为辅，前三者为显性文化，后者为隐性文化。隐性文化是显性文化产生的思想精神基础。穿衣吃饭是文化，行车走路是文化，数学公式、物理原理是文化，却不能说语文教育中有了这些显性的文化活动就贯穿了文化精神，也不能说学生就具有了文化精神。在这一点上，语文学科教育中的文化就不同于其他学科中的文化了。

其次，在语文教育中，传统文化、现代文化应相辅相成。文化其实就是人化，小学语文教育应该是一个文化的建构过程，教育就是使人成为人。那么，中国的语文教育就应该担负起让"人"成为"中国人"的重任，没有"传统"的人，就没有"民族"的、"世界"的人。正如美国小学教育要培养在全世界都具有竞争能力的"美国人"一样，我们的教育也应当培养在全世界都具有竞争能力的"中国人"，这就是小学语文教育中传统文化精神的民族性。在语文教育中，中华传统文化与现代文化应该并重，并有机交融，厚古薄今、是今非古或今古割裂都不对。传统是现实的基础，离学生较为久远，让学生了解难度较大；同时，教学不与现实生活挂钩，文化就没有生命力。因此小学语文教育中应该重视传统文化与现代文化的古今交融性，处理好源与流的关系。但我们培养的不是"躲进小楼成一统"的中国人，"中国的"还需是"世界的"，小学语文教育应该取人之长，补己之短；同时，勇敢地走向世界，将中华传统文化播向世界各地。这是小学语文教育中文化精神的互补性。

最后，传统文化具有继承性和开创性。继承与创新是一个问题的两个方面，继承是创新的基础，创新是继承的发展，两者紧密联系，既对立又统一。在日常的工作实践中，我们要充分认识到，继承不是照搬照抄，而是加以改造的提高；创新不是离开传统另搞一套，而是新的高水准的继承，两者相互包含、相互促进。每个组织都需要注意本组织优良文化的积累，通过传统文化的继承性，把自己的过去、现在和将来联结起来，把组织精神灌输给一代又一代。没有传统文化的继承，就没有文化的积累，更谈不上对新文化的发展和创新。小学语文教育不可避免地以接受和继承本民族及其他民族的优秀传统文化为主；同时，文化要发展又必须具有变异性，变异是文化发展的动力，否则，文化就会停滞不前，因此，又必须培养学生的创新性，让优秀的文化在继承的基础上健康发展。

二、语文和语文教育

认识了中国传统文化的内涵，只是弄清了问题最基本的一个方面，要在小学语文教育中渗透和传播传统文化教育，我们还应弄清什么是语文和语文教育。

（一）语文的内涵

语文的全称是语言文化。"语文"一词出现的时间并不长。1905 年，清政府在废除科举制度以后，开始开办新学堂。当时的课程以至教材，都是从西方引进的，只有语文一科，教授的仍是历代古文，当时称为"国文"课。五四运动爆发以后，提倡白话文，反对文言文，国文课受到了冲击，小学于是改设"国语"，教材具有鲜明的口语特点，选用的都是白话短文或儿歌、故事等。小学仍设国文课，白话文的比重也明显增加，选用了鲁迅、叶圣陶、冰心等新文学作家的作品。在 20 世纪 30 年代后期，叶圣陶、夏丏尊二人提出了"语文"的概念，并尝试编写新的语文教材，可惜因日本侵略中国而被迫终止。中华人民共和国成立后，叶圣陶先生再次提出将"国语"和"国文"合二为一，改称"语文"。叶圣陶先生曾经对"语文"学科名称的来历及其含义有过一段经典论述："'语文'一名，始用于 1949 年华北人民政府教科书编审委员会选用中小学课本之时。前此小学称'国文'，小学称'国语'，至是乃统而一之。彼时同人之意，以为口头为'语'，书面为'文'，文本于语，不可偏指，故合言之。"叶圣陶先生是中华人民共和国语文界的权威，他的观点左右了语文界 30 年。改革开放后，伴随着文艺界的百花齐放，语文界也开始百家争鸣起来。争鸣的焦点在"语文"的定性上。大家虽然对叶圣陶的观点提出异议，但都不约而同地承袭了叶圣陶的方法论，把"语文"当作一个并列式合成词来诠释，于是有了"语言文字""语言文学""语言文章""语言文化"等五花八门的说法。

直到今天，新的《语文课程标准》颁布，把"语文"定性为"是最重要的交际工具，是人类文化的重要组成部分"，实质上就是"语言文化论"的翻版；准确地说，是"语言+文化"论的翻版。因为语言才是人类最重要的交际工具。这一表述说明语文是交际的工具、思维的工具，同时，语文又是文化。说它是文化，第一，它负载着文化。第二，它传承着文化。第三，语文本身就是一种文化。所以，教育家曹明海认为，语文与文化血肉同构，语文就是文化。他指出，从语文的本体看，语文不仅是一种工具，更重要的是一种文化构成；从语文的功能看，语文作为交际工具和文化载体，传达的是思想与情感，承载的是文化精神、价值观念和人类的文化成果。

（二）语文的学科性质定位

语文教学的"工具论"与"人文论"一直是个争论不休的问题，2003年4月出台的《新课程标准》对其进行了大一统，将语文学科性质定位为："语文是最重要的交际工具，是人类文化的重要组成部分。工具性与人文性的统一，是语文课程的基本特点。高中语文课程应进一步提高学生的语文素养，使学生具有较强的语文应用能力和一定的审美能力、探究能力，形成良好的思想道德素质和科学文化素质，为终身学习和有个性的发展奠定基础。"可以说给多年的争论画上了一个句号。

人文性是语文教育的本质特征，它不是外加的"一张皮"。小学语文教学要对学生进行语言文字的教育与训练，具有工具性，但它又不同于汉语教学那样纯粹的工具课，它的教学活动中，应自始至终贯穿人文精神，给学生以思想的指引、人生的启迪、情感的熏陶、美的感染，即使是语言文字的训练，也要引导学生去感受、体味语言的气韵，内在的可意会而难以言传的精神。"人文精神"教育，大体分成两种：一是"能指"的，是基于语言文字本身内容的，即语言文字的动人韵律、美妙的笔形，或朴素或华丽的辞采、积淀于语言文字本身的深刻的文化内涵，等等；二是"所指"的，基于语言文字所负载的内容的，如对祖国的忠贞、对民族的热爱、对山川的赞美、对他人的热情、对全人类的博爱、对社会的责任、对集体的热忱、对母亲的报答、对爱情的真诚等，这些内容与传统文化精神是密不可分的。当今语文教育中，学生思想贫乏、苍白，情感贫弱、无力，我们一方面明知学生人文精神的缺失，另一方面又把语言文字的学习与文化精神培养游离开来，有缘木求鱼之嫌。

（三）语文教育的内涵

从语文与文化的密切关系可以看出，语文教育就是在促进人的语言和思维发展的同时，传递语文所承载的文化精神、价值观念和人类文化成果，既让受教育主体接受汉语文化的熏陶，又凭借汉语言学习汉语文化。人在学习语言、学习文化的过程中，认识社会、认识世界。语文教育正是这样的课程：发展语言，发展思维，传承文化，培养人格，促进人的社会化，提高人的审美能力和文化品位。

在信息化程度越来越高的当今社会，汉语的国际地位随着中国综合国力的提升越来越受到世界的关注，越来越多的外国朋友开始热衷中国文化。在当今社会中，语文能力是一个人综合素质的重要组成部分，它对人的成长成才乃至民族的文化复兴具有前瞻性意义。作为国人，语文学习除了是升学考试的应试科目外，还应该承载更多的文化意义。语文是一切，覆盖一切，穿透一切。语文是人文性与工具性的统一。语文这门学科，最能影响其他科目的学习。教育工作者应教育学生一定要用对待人生的态度来对待语文，通过语文学习，来塑造自己的灵魂。语文教育承载了丰富的育人功能，让学生学会认识自然、认识社会、认识自我、规划人生，具有科学知识、人文素养、个性发展、独立人格，在教学中培养学生的应用能力、审美能力和探究能力。语文老师不仅需要教给学生语文学科知识，对于小学生而言，语文老师更是他们人生的引路人，这从在中小学中语文老师多担任班主任可见一斑。无力改变大的应试教育环境，小学教师可以在班级内，在自身能力范围内，尽可能多地帮助孩子在生活上成长，在学习的道路上走得更远，飞得更高，也为中国文化的传承与汉语的国际化尽绵薄之力。广义的语文教育不仅包括学校课堂教学，还应包括家庭的课外阅读，以及社会教育培训机构的实践活动，只有学校、家庭、社会形成教育合力，才能更好地在语文教育中推广与传承中国传统文化。

第二节　传统文化与小学语文教育的关系

一、传统文化与语文教育的官方渊源

从我国 1902 年《钦定学堂章程》宣布语文独立设科至今的 100 多年来，尽管语文教育经历了摇摆不定、动荡波折的阶段，但对中国传统文化教育一直很重视，甚至一度成为国家政府、教育机构、教育研究者所关注的重要内容。

（1）古代教育时期

古代语文教育是与政治、经济、历史、哲学、伦理学以及自然学科等教育融为一体的教育，主要学习以"四书五经"为主体的儒家经典，进行儒学义理的教化。在此不做过多论述。

（2）近代语文教育时期

鸦片战争爆发后，"废科举、兴学校""小学为体，西学为用"等口号使传统教育脱离了经学束缚。1902 年 8 月，清政府颁布的《钦定学堂章程》中规定语文在各学段的具体科目：

启蒙学堂：字课、习字、读经；

寻常小学堂：读经、作文、习字；

高等小学堂：读经、读古文词、作文、习字；

小学堂：读经、辞章。

1904 年 1 月，清政府颁布的《奏定学堂章程》中规定语文在各学段的具体科目是：

初等小学堂：读经讲经、中国文字（作文和习字）；

高等小学堂：读经讲经、中国文学（阅读、作文、习字、官话）；

小学堂：读经讲经、中国文学（读古文、写古文）。

在读经、作文、习字和古代文章以及中国文学作品中，以儒家经典为代表的中国传统文化在语文教育乃至全部教育中占最重要的地位。《奏定学堂章程》规定，初等小学堂每周学时 30 小时，其中读经、讲经 12 小时，高等小学堂每周学时 36 小时，读经 12 小时，小学堂每周学时 26 小时，读经 9 小时。1905 年废除科举制后，读经科仍占教学课程的一半以上。

由此可以看出，近代语文教育除了培养学生学习运用语文工具的能力，还很注重传播传统的思想和文化，在精神领域对学生施加影响。

从 20 世纪初语文独立设科，到五四时期提倡白话文，再到抗日战争的政治思想教育，直至中华人民共和国成立之初模仿苏联，采用文学汉语分科模式，传统文化教育在一定程度上受到了"科学化"与"引进"的破坏，但传统文化仍是语文教育的重要部分，语文教育也有过一些充满学科特点与人文魅力相结合的时候。

1929 年，国民政府教育部颁布了中小学课程的《暂行标准》，其中规定高中语文学科的教育目的为：继续养成学生运用语体文正确周密隽妙地叙事说理、表情达意的能力，并依据学生的个性及兴趣，酌量运用文言作文的能力；继续培养学生读解古书的能力；继续培养学生欣赏中国文学名著的能力。

1936 年，国民政府教育部再次修正了《课程标准》，即《修正小学国文课程标准》，无论初级小学还是高级小学，都把对民族文化的继承和民族精神的发扬放在了首位。其中，初级小学的教学目标中提道："使学生从本国语言文字上，了解固有文化；使学生从代表民族人物之传记及其作品中，唤起民族意识并发扬民族精神。"高级小学则把上述两条并为一条："使学生能应用本国语言文字，深切了解固有文化，并增强其民族意识。"

即使到了抗日战争时期，《国文课程标准》中还有"养成一般文言文能力""了解固有文化，并从代表民族人物之传记及其作品中，唤起民族意识与发扬民族精神"的论述，当然，抗日战争期间正是中华民族面临最严重的民族危机的关键时期，特别强调弘扬传统文化，唤醒民族意识，是有特殊意义的。从另一个侧面，我们可以看出传统文化对于民族振兴的巨大作用。

（3）现代语文教育时期

在中华人民共和国诞生后，我国迎来了语文教育的黄金时代。1956 年后，出现了汉语、文学分科教学，但文学教育仍偏重传统文化教学，初高中文学教材中古典文学的比重占总体篇目的一半以上，如初中古典文学占 41.5%，高中古典文学占 69%。

党的十一届三中全会的召开，使教育事业重新得到发展。由于 20 世纪西方哲学的应用学科的影响，传统文化教育被有意无意地轻视。

20 世纪 90 年代末，语文教育界引发了一场语文教育大讨论，推动了新一轮语文教育的改革。1992 年 6 月，国家教育委员会制定的《九年义务教育全日制初级中学・语文教学大纲》要求"在小学语文教学的基础上，指导学生正确理解和运用祖国的语言文字"，"在教学过程中，开拓学生的视野，发展学生的智力，激发学生热爱祖国语文的感情"。从大纲的字里行间我们可以觉察到祖国文化教育重新成为语文教育的重要目标。

2001 年 7 月，国家教育部颁布了《全日制义务教育语文课程标准（试验稿）》（以下简称《课标》），较之 1992 年的《语文教学大纲》对传统文化教育目标的规定更加明晰。《课标》中指出"认识中华文化的博大，吸收民族文化智慧""通过阅读和鉴赏，深化热爱祖国语文的感情，体会中华文化的博大精深、源远流长，陶冶性情，追求高尚情趣，提高道德修养""学习中国古代优秀作品，体会其中隐含的中华民族精神，为形成一定的传统文化底蕴奠定基础"。

2004 年《普通高中语文课程标准》在"语文课程基本理念"部分指出："高中语文课程必须充分发挥自身的优势，弘扬和培育民族精神，使学生受到优秀文化的熏陶，塑造热爱祖国和中华文明、献身人类进步事业的精神品格，形成健康美好的情感和奋发向上的人生态度。"在"课程目标"中也明确指出："通过阅读和鉴赏，深化热爱祖国语文的感情，体会中华文化的博大精深、源远流长，陶冶性情，追求高尚情趣，提高道德修养。"

2006 年 9 月 13 日，中共中央办公厅、国务院办公厅印发了《国家"十一五"时期文化发展规划纲要》（以下简称《纲要》）。《纲要》的第七章提出："重视中华优秀传统文化教育和传统经典、技艺的传承。在有条件的小学开设书法、绘画、传统工艺等课程，在小学语文课程中适当增加传统经典范文、诗词的比重，中小学各学科课程都要结合学科特点融入中华优秀传统文化内容。高等学校要创造条件，面向全体大学生开设中国语文课。加强传统文化教学与研究基地建设，推动相关学科发展。在社会教育中，广泛开展吟诵古典诗词、传习传统技艺等优秀传统文化普及活动，努力提高本民族的人文素养，树立良好社会风气。"

二、传统文化与语文教育

在人类历史发展的长河中，语文教育与人类文化血肉同构，从不分离，语文教育浸透着文化精髓，包孕着丰厚的文化意蕴，具有鲜明的文化特质和文化功能。英国著名语言学家 L. R. 帕默尔指出："语言是和文化联系在一起的，它们互相提供证据和解释。"文化靠语言来承载，语言本身也是文化现象。二者互相依存，共同发展。语言和文化的统一，情感与智慧的和谐，也是语文的全部内涵，语文的本质就是母语及其所负载的民族文化传统和民族文化精神。语文教育文化底蕴主要指中华民族几千年来积淀的文化传统和当代人文精神，是一种人类精神、情感、心灵意识，包括狭义文化所指的价值观念、思维模式、审美趣味、道德情操、宗教情绪、民族性格等。[①] 就教育的终极意义来说，语文教育是民族语言文化中人文主义情怀、智慧和创新品格的教育，自然担当着传递汉民族文化底蕴的重任。没有文化底蕴的语文教育，是不完整的教育。因此，我们必须注重语文教育中文化底蕴的教学。

语文教育的实践证明，语文不是单纯的技术性语言训练课，而是富有诗性特质、浪漫天性的"人文性"课程。它不仅是语言技能的训练场所，也是学生体验人生的所在，是生命成长、精神建构的过程，是文化浸润的过程。钱理群对语文课做过这样的描述：能打破时空的界限，克服个人生命的有限范围，把学生们引入历史与世界，古代与现代思想文化的宝库，与百年之远、万仞之遥的大师巨匠，与古代最出色的哲学家、历史学家、文学家、军事家，与现代一流的小说家、剧作家、诗人、散文家……进行心灵的交流，精神的对话。你将触摸集中了人类大智大勇的高贵的头颅，融会了人间大欢喜、大悲悯、大憎恨的博大情怀和颗颗大心；你将在有声有色有思想有韵味的语言世界里流连忘返，透过美的语言你窥见的是美的心灵、美的世界。这是一个燃烧的大海，你不能隔岸观火，你必定把自己也要"烧"进去，把你的心交出来，与这些民族的以至人类的精英一起思考、探索，共同承担生命的轻与重，就在同哭同笑同焦虑同挣扎的过程中，你会在不知不觉中发现自

① 肖俊宇. 小学语文学科教育 ［M］. 北京：教育科学出版社，2016.

已变了，变得更复杂也更单纯，更聪明也更天真，你内在的智慧——思考力、想象力、审美力、批判力、创造力……被开发出来了，你的精神自由而开阔了，你的心灵变得更美好了。这诗性的描述，深刻揭示了语文教育的文化特性与情致——语文，是天生浪漫的文化载体。语文教育家刘国正则从本体论的角度明确指出："有人提出增强语文教学的人文性，其实，人文性应该是语文教学所固有的，只是在一个时期淡化了，甚至有些丢掉了。语文这东西，是同人的思想、感情、情操和个性联系在一起的，把语文教学看成孤立的纯技术训练是当前许多弊端的导因。"这段话对当前语文教育中脱离人文，进行纯知识性的传授进行了批评。人文性是语文固有的，而不是附加的，它和工具性一样，是语文本体构成的基本因素。通常的语文教育往往只是从交流功能上理解语言和语文的特性，因而偏重语言的语法规则、形音义等，只强调语言的运用，而每一篇文章，都有一个生命主体在活动。贾平凹说："文章最重要的是有人气。"而任何一种语言形式都是充溢着这种人气的生命形式，语文教育就应该把握住这种文化特性和本质，让学生在面对任何一种语言形式时，既学习到语言的组合规律与结构法则，又体味到蕴含于形式之中的人气、文化之气。应充分发挥语文教学的"唤醒功能"，让学生通过与语文文化意蕴的交流和对话、感悟和体验，在灵魂震颤的瞬间感受从未体验过的内在敞亮，涵养文化精神，陶冶情感与心灵，建构人格与灵魂，使学生的个性得以张扬，创造力得以释放，生命得到升华。因此，《全日制义务教育语文课程标准（实验稿）》强调语文教育必须引导学生"认识中华文化的丰厚博大，吸收民族文化智慧"，把培养真正"中国人"的重任放到了语文肩上。

三、传统文化精神在小学语文教育中的渗透

语文教育是植根于本民族文化底座之上的一种文化行为，它参与文化的同时也映现着文化。小学的语文教学担负着民族文化的传承任务，不论是教学内容、目的，还是教学过程，都带有鲜明的民族文化烙印，深深地渗透了民族文化的基本精神。

（一）教学可以反映文化意识

小学教育是文化传承的重要阶段，它是使后辈在不同的知识领域获得征服自然和改造社会能力的基础。小学的语文教育则与本民族的文化紧密相关，它的"传道、授业、解惑"无不深深地渗入本民族的文化意识。语言表达能力的培养、知识天地的开拓、思想教育的进行都离不开民族化的工具——语言和文字，都少不了文化精神的熏陶。[1]

---

[1] 唐晓敏. 中国传统语文教育智慧 ［M］. 桂林：广西师范大学出版社，2017.

比如世界观的教育、文学艺术观的教育等，不论是公开灌输，还是潜移默化的渗透，都是以本民族的传统美德、人伦规范、审美情趣为蓝本来进行的。对于听说读写能力的培养和智力的发展，也首先是倚仗本民族的语言工具、以本民族的思维特征为基础去发展去培养的，离开了这个根本和基础，就谈不上任何培养和发展。

（二）教学方法映现民族传统

教学方法是组织学生学习、发展学生认知的方法。小学语文的教学方法除遵循人类共同的认识规律以外，也不免需要根据专业特点切合民族的思维特征。我们国家具有悠久的教育传统，古代教育提出了丰富的教育方法，形成了具有中国传统的教育理论，这里面有值得继承的宝贵经验，也有需要改进的方法，但不管怎样，这些方法的产生都离不开汉民族的文化传统，比如过去以传授知识为主、以教为中心的教学方法与中国"尊经""征圣""述而不作，信而好古"的儒家风范与学术传统有密切联系，也与中国人只求"同"、守"常"、而忌"异"的哲学传统、思维方式有关。学校的教育方法还反映着一种社会的认同意识，表现为一种共同的文化心理。著名特级教师于漪在教学中重视反复的朗读，重视创设情境、熏陶感染，让学生去领会理解文章的艺术和知识，这似乎也与"中国文辞重在音句而不重义句"，"读书百遍，其义自见"的语言表述特征以及整体意会的思维特征达成一种内在的默契。

由此可见，小学语文教育是一种文化行为，它本身深深地受制于民族文化传统，映现着民族精神。语文学科性质及语文教学的特点决定了小学语文教学中理应贯注文化精神。

第三节　传统文化融入小学语文教育的重要性和必要性

如前面所述，中国传统文化是中华民族的骄傲，也是全人类所共有的宝贵财富，具有丰富的教育内容，对小学生而言具有深远的意义。但是当前中国传统文化的教育环境令人担忧。一方面，当前小学教育和小学语文教育的现状并不乐观；另一方面，当前小学生的人文素质和传统文化在语文教学中的现状也令人担心，所以我们要有效运用中国传统文化的教学内容，对小学生进行传统文化教育，使传统文化的教育意义得到最大化发挥。

一、新课标中将语文教学定义为传播传统文化的重要方式

（一）以教材为依托，提升学生素养，展现传统文化魅力

语文教材中收集了一些非常优秀的有关中华传统文化的文章，这些文章都是经过许多专家从无数的文章中挑选出来的，对于学生接受中华传统文化的熏陶有着非常重要的意义，这也是让中华传统文化能够不断地在中华儿女中传承下去的重要方法。大多数优秀的中华历史人物都有着难能可贵的精神，激励着学生积极向上，对于学生正确思想、精神的培养有着很大的帮助。在小学语文教学的过程中，教师需要注重中华传统文化这一方面的教学，这对于学生个人优秀品质的培养有着非常重要的意义。

（二）以认知为主线，培育学生品格，接受传统文化的熏陶

教师在对学生进行传统文化教学之前，首先要明确语文课堂教学中传承传统文化的教学理念，让学生从思想上对中华传统文化有真正的认识，并且让学生重视传统文化的教育。在语文教材中，每个单元都可能会存在几篇传统文化类的课文，教师需要在讲解完一篇之后，对之前所教过的内容进行对比以及归纳总结，这样可以有效地帮助学生对传统文化的理解和巩固，让学生在不同的传统文化中找到相同点，这些共同点都是对学生人生观、价值观的培养有着重要帮助的内容。同时，对教材中的知识进行归纳总结，还可以最大限度地加强学生对中华传统文化知识的积累，让学生充分地接受传统文化的熏陶。

（三）以诗词为载体，提高学生能力，领略传统文化精髓

古诗词是中国传统文化的瑰宝，其中有大量非常优秀的文学作品，古诗词所蕴含的深刻内容和丰富情感，对于传统文化教育有着很大的帮助，并且对语文教学整体水平的提高也有着重要的意义。教师要加强对学生的古诗词教学，在逐字逐句的讲解过程中，学生能够理解诗人在诗词中融入的个人情感，让学生学习其中存在的优秀精神品质。

二、基于传统文化的小学语文高效课堂构建

高效课堂是指教师在开展教学时，要提高学生的课堂学习效率，促进学生对知识的掌握与应用，提升学生的学习能力，培养学生的创新性思维。教师在基于传统文化构建小学语文高效课堂时，可以引导学生自主探究，培养学生的自主学习能力；可以创设课堂情境，激发学生的兴趣，提高学生的课堂参与度；可以进行拓展延伸，丰富学生的学习内

容，拓宽学生的视野，最终促进学生综合素质的发展。

（一）收集相关资料，完善学习内容

教师在开展语文教学时，可以布置预习任务，要求学生借助网络收集相关资料，促进学生做好课前准备。以《北京的春节》为例，这篇文章讲述了从腊月初到正月十九北京的人们准备春节的一些活动和习俗。教师在引导学生学习这篇文章时，可以先布置预习任务，要求学生收集春节的起源、各个地域或朝代春节期间的风俗文化、与春节相关的古诗等内容。学生在收集与春节相关的资料时，不只会了解春节的文化习俗，也会了解其他传统文化。如某些地域为了庆祝春节，会组织一些剪纸活动，学生会了解到中国的剪纸艺术；春节时家家户户会贴春联，学生会收集到优秀的春联。春节具有辞旧迎新的寓意，学生会进一步品味春节的内涵。另外，学生在收集资料的过程中会锻炼自身的学习能力，如有的学生直接从网络上收集相关资料，并进行筛选和整理；有的学生则是询问自己的长辈或邻居，了解春节相关文化；还有的学生通过阅读整理春节文化。[①] 在学生收集资料之后，教师可以引导学生分享和展示，促进学生的交流和沟通。教师布置预习任务，引导学生收集相关资料，不但可以锻炼学生的自主学习能力，还可以使学生为课堂学习做好准备，最终促进高效课堂的构建。

（二）创设课堂情境，优化教学模式

教师在开展语文教学时，可以创设课堂情境，激发学生的兴趣。在创设课堂情境时，教师可以融入传统文化，优化教学模式。以《纸的发明》为例，这篇文章主要讲述了中国纸出现的过程和意义。教师在引导学生学习这篇文章时，可以利用多媒体为学生展示在古代时期纸的制作过程，激发学生的兴趣。在引导学生观看完古代纸的制作过程之后，教师可以为学生提供稻草、破布、树皮等造纸材料，组织实践活动，鼓励学生尝试自己制作纸张。在学生制作纸张的过程中，教师可以为学生详细介绍世界上纸的出现与演变历史，通过横纵对比，使学生感受到中国古人的智慧与聪明，激发学生的民族自豪感。教师还可以为学生展示纸张的出现对文化传播、人类社会发展的促进意义，进一步促进学生情感的深化。同时，激发学生探究中国传统文化的欲望。教师创设情境，可以激发学生的兴趣，提高学生的课堂参与度；在情境中融入传统文化，可以促进学生对传统文化的吸收与传承；引导学生在情境中学习，可以促进学生对文章情感的深入理解，最终有利于促进学生语文

---

① 何俊. 实践本位的传统文化教育创新模式［M］. 杭州：浙江教育出版社，2018.

素养的提升。

（三）进行拓展延伸，丰富学习内容

教师在开展语文教学时，可以进行拓展延伸，丰富学生的学习内容。在进行拓展延伸时，教师可以融入传统文化，拓宽学生的视野，培养学生的文化内涵。以《田忌赛马》为例，这篇文章讲述了孙膑通过聪明智慧帮助田忌赢得马赛的故事。教师在引导学生学习这篇文章时，可以进行拓展延伸。如围绕孙膑，教师可以拓展延伸，引导学生了解孙膑和孙武的关系，阅读《孙子兵法》，了解春秋战国时期著名的兵法家以及他们的一些兵法理论，如围魏救赵。围绕当时的年代，教师可以引导学生了解春秋战国时期诸子百家的学说和理念，拓宽学生的视野，如"不别亲疏不殊贵贱，一断于法"的法家思想，崇尚"礼乐"和"仁义"的儒家思想，等等。另外，教师可以鼓励学生阅读关于春秋战国的读物，如高兴宇的《春秋战国》、林汉达的《战国故事》，等等。教师进行拓展延伸，丰富学生的学习内容，有利于学生积淀丰富的文化知识，提升学生的语文素养与学习能力，最终促进高效课堂的构建。

综上所述，笔者从学生自主学习、优化教学模式、丰富学习内容 3 个角度就如何将传统文化渗透到语文教学中，构建高效语文课堂进行了探索。把传统文化渗透到学科教学中，促进学生学习与传承传统文化已经成为必然趋势。随着轻负高效教育理念的普及和新课改的深入发展，高效课堂的构建成为教师研究的重要问题。希望笔者的一得之见，可以为基于传统文化的小学语文高效课堂的构建提供行之有效的建议，使小学生在语文学习中传承传统文化，发展综合能力，提升语文素养。

第四节　传统文化融入小学语文教育的当前境遇

一、传统文化在小学教育中传播与互动的现状

（一）当前小学教育的现状

由于片面地追求高升学率，当前我国的小学教育有很多问题，影响了小学生的全面健康发展。比如，受教育体制的影响，在素质教育的口号下，绝大多数小学生接受的仍然是应试教育，教育主管部门对各学校考核的标准仍然是以升学率为主。这就导致学校片面地

重视小学生智力的发展，在很大程度上忽视了小学生其他方面的发展。问题还有很多，下面笔者仅从学科的角度，分析一下当前小学教育的问题。

按照国家颁布的教学大纲，每个学校应该按照规定，开设一定的音乐、美术、体育等课程，因为这些课程对小学生的全面发展起着相当重要的作用。但目前在很多学校中，这几种科目并没有得到充分的重视。众所周知，体音美（指体育课程、音乐课程、美术课程）是国家为了提高学生的综合素质，培养德智体全面发展的人才而专门开设的科目，对挖掘学生潜能、培养学生兴趣是非常有帮助的。但这些科目的成绩与中考、高考的成绩联系不是很密切，加上这三科的教师资源很缺乏，所以体音美课程在相当多的学校里只是虚设或半虚设。尤其在偏远的农村中小学，体音美课程经常停开，甚至改开其他课程。有时候上级部门下来检查，部分学校为了填空补缺，用"门外汉"教师来教授这3门科目，导致学生的综合能力并没有得到实际的提高。这些教师，除少数参加过短期培训外，大部分都因种种原因兼任三科教学。专业素质差是他们的主要特征，他们的教学大都是"看一看、管一管"的教学，只要在任课的时间内，学生不闹事，不出问题，就达到了看住、管住学生的目的。体育课成了自由活动，音乐课集体哼唱两首流行歌，美术课随意画或写作业。这样的"看管"教学方式，给本身就存在着不同程度社会偏见的体音美三科蒙上了一层阴影。我们经常发现这样的现象，等到考试临近时，这些本来就为数不多的课程，往往被语、数、外挤占，因为学校认为学生的学习成绩最重要。希望各级政府重视体音美学科方面的建设，我们在宣扬素质教育、减轻学生负担的同时，也应该从多方面提高学生的综合素质，不要"捡了芝麻，丢了西瓜"。另外，由于担心意外事故的发生，现在的学校很少组织或者不组织小学生走出校门参加各种社会实践活动，这不仅造成了小学生动手能力的缺失，还严重限制了小学生的视野。

（二）当前小学教育中传统文化教育缺失的原因

一是历史和社会背景的原因。自从鸦片战争后，中国长时期处于落后挨打的地位，这对中国的知识分子产生了强烈的刺激，开始了对上千年以儒家文化为核心的传统文化的大规模批判。中国的知识分子大力引进西方先进的民主与科学的方式，希望通过"师夷长技以制夷""中学为体，西学为用"来拯救中国。从那时候起，很多人就片面地认为传统文化是造成中国落后的原因，是影响中国现代化的绊脚石。这个观念影响着人们对传统文化的看法，持这种观念的人到今天都大有人在。随着我国综合国力的日益强盛，经济地位的不断上升，在国际的影响力越来越强，但是我们在社会生活中处处透着对自身文化的不自信，尤其是对传统文化的不自信。西方文化强势进入我国青少年的思想中，青少年不懂本国的传统文化，也懒于学习传统文化。在当下中国商品经济的影响下，充斥着重功利和重实用的价值观，对传统文化很是排斥。就连近几年流行的"国学热"也充斥着功利的色彩。这种功利的思潮对传统文化的继承和发展非常不利。面临这样的情况，我们重新重视传统文化，其发扬和传承工作迫在眉睫。语文教育所承担的文化功能和对人格的塑造功能，能帮助继承和发展传统文化，为全中国人民的"强国梦""中国梦"提供生存和发展的思想土壤。

二是应试教育的制约。传统文化教育由于许多学校为求升学率采取应对考试的教育而受到了较大的影响。在现行的教育制度下，中考和高考作为重要的升学考试，影响了学校的教学计划和安排，影响了教师的课堂教学目标和课业内容，影响了学生的学习方向和态度。

现在重点分析和讨论高考对高中语文教学中传统文化教育的影响。以 2012 年语文高考（浙江卷）试题为例，与 2011 年试卷比较，整体风格不变，比分一直微调："语言"（24 分）和"写作"（60 分）保持不变，"现代文阅读"（29 分）降低了 3 分，"古诗阅读"（37 分）增加了 3 分。我们看出"古诗文阅读"的比重有所提升。这几年浙江省的考试内容在呼应新课改方面都有所兼顾，2012 年的表述是"能阅读浅显的古代诗文，理解经典文化论著，默写常见的名句名篇"，"古诗文阅读"中的总述部分，延续了 2011 年增加的"理解经典文化论著"的内容。在具体内容上，第 16 题依旧考查文言，以考过的热点实词为主。第 17 题主要考查文言虚词。虚词的难度不大，主要考查学生的辨析能力，辨析一组虚词是不是同一意思。第 18 题是考查学生的理解能力和翻译能力，考生只需将题目信息定位回原文，细细翻译，就可准确回答。第 19 题是句子，主要考查学生对文言文的了解程度，文本语境，牢牢把握关键词的翻译。第 20 题是翻译，要抓住翻译的主要句型，翻译文言实词和虚词来解释句子的关键。在古代诗歌鉴赏这一部分，选择了《未展芭蕉》和《同儿辈赋未开海棠》，测试学生的理解能力，让学生比较这两首诗的表达手法。最后文本中"孔子问马"材料的选择，由此可以初步了解以及进行初步研究《论语》，并对不同的标点符号使用有一定的掌握，同时，与唐代戴明的"经典"的诠释摆在一起，让学生比较分析。以这套试题为例，高考指挥着教师的教与学生的学。我们可以看出文言文和诗歌在高考中占了一定的分值，教师和学生为取得高分，绝不会放松这块。但是从这套题中我们也发现了一些问题：出题人重视对基础知识的考查，对文学常识的关注度不够，并且缺乏对文化常识的考查。题目相对机械，缺乏对传统文化的理解考查。指挥棒的作用不容忽视，高中文言文的考查比例有所提升，但是在语文教学中的传统文化教育还是不容乐观。

三是语文教学本身的束缚。从教与学两个方面看，大多数的一线教师只重视对字、词、句等知识的传授，把古诗文教学上成了古汉语词句和思想政治课，并且教学方法单调，课堂氛围僵硬，缺乏生机和活力；学生也因为文言文和古诗文教学的单一与枯燥，觉得学习古诗文是枯燥和沉闷的事情，对学习古诗文毫无兴趣，更别说深入理解古诗文的深刻内涵，学习效果一般，导致学生缺乏基本的语文素养。长期以来，语文教学主要把古诗文当作语文"工具性"体现，将其肢解为若干的文言基础知识，只注重"言"的落实，而忽视了"文"的存在，削弱了传统语文教育中的综合教育功能。

四是功利性的学习选择。从当前的学科来讲，语文学科是传承中国传统文化的重点学科，它应该在弘扬传统文化的过程中扮演重要角色。我们知道，语文学科的工具性特征，主要是指它是一种与人交流的工具，但可悲的是，现在的学生、老师及家长把它作为提高考试分数的一种工具。而语文学科的人文性，则被当前的许多教师和家长忽视了，它的价值并没有得到充分的发挥。"语文课程的教学理念和目标之一，就是要弘扬语文课程所具有的中华民族的文化遗产和吸收其他民族的优秀文化。"这句话把语文学科的人文性体现得淋漓尽致。因此我们要积极地运用语文学科教育，积极地发挥语文学科人文性的价值，有效地运用学科知识对小学生进行传统文化教育。但当前语文学科的发展也处在十分堪忧的境地。以某小学采用的语文教材为例，都是以白话文为主的。通观全册小学语文课本，直接表现中国传统文化的不及五分之一，虽然白话文的多数内容也在间接地反映传统文化的方方面面，但白话文教学的时间太多，而传统文化经典学的时间又太少，这就让学生把学习传统文化经典仅仅作为提高分数的筹码。另外，家长和学生为了取得短期效益，一定程度上出现了相关问题。很多学生认为语文分数提高较慢，所以在学科上面花费的时间较少，除了每周几节的语文课，平时很少见学生看与语文知识有关的书籍。平时的学习中只是简单地背诵一些能提高考试分数的基础知识。很多学生认为，语文成绩与作文成绩有关，平时只要把字体写得整齐一些，背诵一些名言名句，或者考试之前背诵一些作文，就能够把语文成绩快速地提上去。然而，众所周知，语文学科是一个语言学科，需要学生的长期积累和学习，短期的突击学习根本起不到作用。

五是传统文化的教学传播途径被阻断。文化的流传是一个耳濡目染的过程，它需要一定的环境和条件。首先，文言文的教学不容乐观。语言是文化的载体，作为一种独立的语言体系，文言文曾长期地被我们的先人使用着，有着特别的语言习惯、特定的语法、语序及语义，其本身就是传统文化的一大瑰宝。但是由于历史的原因和时代的特点，以及文言文自身的独特性，文言文逐渐失去了其生存的空间。现如今，能够阅读古代文献原著的人群越来越少了，连特级教师钱梦龙亦指出文言文教学是语文教学改革的一个"死角"。而当我们读不懂文字的时候，从某种程度上来说，传统文化的传承就已经出现了断层。其次，尽管课本上总有古代散文和诗歌的单元教学，在一定程度上丰富了学生的传统文学知识，但相对于内涵丰富的传统文化来说，其覆盖面还是很有限的。在教学上依旧偏重于语言文字的灌输，缺乏实践的场所和氛围，学生往往只得到一个抽象的概念，无法使其饱满丰富，更遑论领悟其中蕴含的文化精华。长此以往，学生对于所学的知识一知半解、断章取义，传统文化教育也将失去其吸引力。学生对于文化普遍缺乏自觉性，不能从民族文化的角度来审视语文教育，语文教育失去了其应有的价值和意义，文化教育已成为空谈，传统文化在小学语文教育中的传播与互动更是举步维艰。

二、当下我国小学生传统文化人文素养现状分析

一位著名美籍华裔教授评论说，中国的留学生 ABC 说得好，可就是不知道《论语》；谙熟美元英镑，可就是不知道司马迁；一个大学毕业生能熟练地操作电脑，可就是写不出一篇文理通顺的工作总结；大多数小学生能通过 E-mail 互相交流，可对于书信写作已感到非常陌生。这种种表现，无不传达出这样一个信息：中华传统文化被青少年普遍漠视。总之，现阶段小学生传统文化人文素养的缺失主要表现在以下几个方面：

一是不借助参考书便读不懂课文，尤其是不借助翻译书便读不懂古诗文。在当今的小学语文教学中，一说起文言文，学生的普遍反映就是"好难啊"！其实现在的语文教材中文言文大都选自中国传统文化经典，读了它，不但有利于提高学生的作文水平和语言能力，而且还能教人明理，振奋精神。可为什么会出现学生怕读、不读的现象呢？这其中既有小学教育的缺失，又有中国社会现状、大众文化的影响。[①]

从 2005 年开始，教育部门取消了小学生上中学的升学考试，学生将采取就近入学的办法直接升入初中，同时取消重点初中。这个措施的出台是将应试教育向素质教育转变的一个尝试，目的是进一步减轻学生的负担，真正贯彻九年义务教育的政策。取消升学考试的确是推动素质教育的一个好手段。但我们也必须客观地看待这一问题。人本身是有惰性的，更何况像小学生这么大的孩子。学习上一放松，加上自我要求不严格，再贪玩儿，很容易造成学习成绩下滑。取消考试后，有的小学老师自认为自己的负担也减轻了，导致现在有的初一年级的学生对在小学就应该掌握的知识还不了解，甚至一些常用字都不认识，更何谈经典文化的熏陶呢？其实取消升学考试对学生来说是件好事，但对小学老师来讲，则意味着其责任更大，应对学生更加负责，为孩子打好坚实的知识基础。学生应该在背诵

---

① 陈燕. 小学语文中华传统文化 中华经典主题文化［M］. 宁波：宁波出版社，2017.

能力最强的时候，多背一点文言文，虽然不能完全理解，但可以贮存语料，形成语感，这对提高一个人的素质，进而提高人文素养是大有好处的。

20 世纪 80 年代后的中国发生了翻天覆地的变化，文化的发展更是令人眼花缭乱，尤其是在市场经济大潮的席卷下，兴起了大众文化，这种文化的各种制品以其舒缓、轻松、温情以及背景模糊的善恶之争等内容，在当代中国畅行。大众文化以所有人都意想不到的速度变革着我们每个人的生活方式，甚至连宁静的书斋与校园课堂也发生了喧哗与骚动，大众文化与校园的书本文化发生了前所未有的联系，这一代的青少年也正是在这样的背景下成长起来的。他们表现出了不同于原来的生活方式和态度，也享受着不同于原来的信息文化环境。小学生在课余时间经常看的是卡通、休闲杂志，聊一些网络游戏、娱乐排行榜。一些小学的校刊也开辟专栏介绍时尚。在这样的背景下，要让他们静下心来诵读经典，是非常不切实际的。

二是一些作文立意肤浅，语言没有文采，词汇贫乏，甚至文理不通，明显少了深层的文化底蕴，思想缺乏深度和广度。联系小学语文教学实际，我们便会发现，许多小学生的精神世界相对贫乏，人文素养相对低浅，人格操守相对脆弱。由此可见，当前小学生语文能力低下，其中一个重要原因就是缺乏深厚的文化底蕴，文化积累尤其是中国传统文化积累少得可怜。

学生们在课余时间很少阅读名著。在与学生的访谈中，有的同学这样说："名著嘛，一般的故事情节都知道了，再细看就懒得去看了。看名著最便捷的就是看它的简介或者问问老师，知道一些大概就行了，以便有了与朋友们谈话的资本，不至于被人看不起。"在对小学生的调查中，问他们是喜欢看名著还是看由原著改编的电影、电视，53% 的学生回答愿意看影视，或是先看影视再看原著。他们说，在枯燥无味的课堂上，无法拥有一份去欣赏名著的兴致，只能跟着教师人云亦云，甚至大多名著都未看过，即使知道一点也是从电视上知道的，不喜欢名著，因为没有时间看和琢磨。余下的 47% 愿意读原著，但把这些学生对"课外阅读什么书"的回答对比起来看，22% 的学生在谈到喜欢看原著的同时却没有在"课外阅读什么书"的回答中写下这一爱好。我们可以说，大多数学生还是在"节约"甚至"排斥"着课外的经典阅读。

三是语言文字的背叛与创新。随着科技的进步，网络已经成为现代生活中不可或缺的一部分，网络文化以其独有的优势进入了人们的视野，小学生与网络更是结下了不解之缘，网络在给青少年带来新的视觉空间的同时也让他们在某种程度上丧失了分辨力。不少网络语言有失语言规范。有失语言规范的网络用语，至少包括以下几个方面：

·非语法化。诸如"很受伤""好拒绝""很风景"，随时可见。

·中外夹杂。如用"寝室物语"表意"发生在寝室的故事"。

·趋于粗俗。要说玩文字游戏，也有雅俗之分。如称请客为"吃大户"，称领导为"老板"，称老师为"主管"，称班主任为"老班"，称学生班长为"领班"等。

现在学生上网的现象越来越普遍，小学生思维活跃，接受能力强，富于创造，但是由于知识面相对狭窄，驾驭母语能力较差，辨别能力不够，而他们又正处于打基础的时候，他们很可能成为不规范的网络语言的受害者。网络语言对传统语言产生了极大的负面影响。

小学生的可塑性很强，他们走出了孩童时的无知与懵懂，但又缺乏成年人的理智与成熟。他们从小就看着卡通漫画、电视，现在又痴迷上了网络，还以自己所感知的语言为荣，相反却讨厌那些乏味的文字，把一种感受、一种心得用一种图案去表示，这不仅严重影响了学生对传统语言的学习，影响了对民族语言纯洁性的继承，而且助长了年轻人浮躁的风气。网络语言给我们的民族语言带来了冲击，甚至造成了一定的"烧伤度"。作家冯骥才分析说："网络语言受美国式文化影响的痕迹很明显，除了语词中加入的大量英语词汇和语法的英语化，更重要的是美国化的观念：追求简便省事、开放直接，有强烈的自我表现欲，与传统疏离并以此为荣。语言是一个民族文化的围墙，更深刻地讲是一个民族的心理，直接关系到一个民族的思维方式、情感和下意识等。语言文字又是审美的重要内容。网络语言的美国化倾向，影响了中国传统文化的含蓄、严谨和精致。"一个国家，一个民族的语言文字，是这个国家与民族的最重要的文化载体和文化基石。中华民族数千年的文明保留至今，其中规范的科学的语言文字，是维系这种文化的纽带。网络语言鱼龙混杂，损伤了这一纽带的纯洁性。语言的纯洁，不仅仅意味着文化的纯洁，更意味着价值观念的纯洁。没有对自己母语深沉的热爱，就不可能有对自己国家历史的尊重和对自己民族价值观念的操守。面对充斥着社会的各式流行文化所带来的负面影响，光靠限制和破除是不够的，还急需增加优秀传统文化的弘扬和建设。

四是传统文化知识相当匮乏。笔者曾对一些小学生列举了部分历史人物，除了对孔子、李白比较了解的均占半数以上，其他几位历史人物，近80%的学生表示只听过其名甚至没听说过；关于传统文化精华的古代典籍，《论语》《诗经》有的人知道，其他几部经典则无人知道。关于古代文学作品的阅读，唐诗最多、宋词零星、元曲为零，先秦散文、汉赋、明清小说就更不用说了。通过与学生的交流，笔者发现学生所谓的"知道"或"了解"，也仅仅是看到过或听说过，不知道《诗经》有什么价值，不知道孔子有什么思想，更不知道"四书五经"所指何物。对于文学作品的阅读，也仅仅限于课本。课本上有的，相对来说，学生就知道得多一些。学生的课外阅读也绝大多数仅限消遣类书籍，于自身文化素养的提升并无实质上的助益。但值得庆幸的是，在经过小学教育后，学生们还或多或少记住一些基础的传统文学知识。相较于学生对于中国古代文学的了解情况，再看看其他的传统文化内容，如古代艺术、古代科学技术、古代历史、传统伦理道德、礼仪风俗等其他方面，简直是知之甚少。可以毫不客气地说，当代小学生的传统文化知识甚至到了极度匮乏的地步。或许是古代典籍的文言文的表述形式，或许是市场经济中就业的困难形势，使得小学生对于民族传统文化的学习存在着一定的误解，甚至有一种本能的抗拒，认为其不合时宜。

五是爱国主义精神匮乏。爱国主义是中华民族传统美德的重要组成部分，从小学到大学甚至更高学历的进修，爱国主义教育都无一例外有着一席之地，其名目之多、力度之大、范围之广，无不彰显着爱国主义教育的重要地位。但从调查结果来看，效果并不理想。调查显示，学生对于学校每周星期一升国旗、唱国歌认同的不超过半数。而据笔者观察，升国旗能端正站姿（包括强制性执行）不过半数，而所谓的"端正"也不过是相对而言，而能开口唱国歌的更是寥寥无几。学生的爱国主义情感似乎变成了一种海市蜃楼般的存在。

六是思想品德行为弱化。他们常常以自我为中心做事情，常常以满足自己的需求为出发点，不顾及别人的利益，甚至以别人的正当利益为代价，满足自己的个人利益；他们往往对一些娱乐明星产生盲目的崇拜，而对中国的传统文化没有兴趣，更不会把掌握传统文化的多少作为宣扬的资本；他们常常把家长职位的高低、家庭经济条件的优劣、生活消费的层次作为个人价值的评判标准，对学校的一些公益活动往往不会积极地参与，对国家宣扬的一些社会价值观认为没有多大的意义，人生观、世界观和价值观出现了偏差，甚至出现了曲解。

七是人生没有目标，茫然浮躁。例如，问起一些学生有无自己的"座右铭"，虽然也有不少的学生答的是"勿以恶小而为之，勿以善小而不为""书山有路勤为径，学海无涯苦作舟"等积极的言语（笔者认为，这还跟班级墙壁上张贴的标语有关），但还有许多学生答的是诸如"烦""讨厌""无聊""睡觉""上网"之类莫名其妙的语言。如果仅仅是个别同学这样回答，也许还不能说明什么，但如果有半数或者更多的学生都这样答，那么情况就不容乐观了。很多小学生没有自己的人生理想和目标，更遑论什么人生规划了。当然，学生可能会反驳，但这也只是想当然而已。这个年龄阶段的小学生，由于心理成熟程度和社会阅历等因素，更多的人是将未来人生依托于父母。他们只想不费吹灰之力得到荣耀的光环，却不了解甚至也不想了解成功背后所需要付出的巨大努力和艰辛，所以一遇到挫折，就容易气馁，自暴自弃，怨天尤人，导致心胸狭窄，目光短视。

综上所述，当代小学生，自我意识过强，身处和平年代，家长的宠溺和丰富的物质生活使其价值取向与道德观念深受拜金主义和享乐主义影响，缺乏自觉自律的规范观念，缺乏吃苦耐劳的拼搏精神，缺乏团结协作的团队意识，缺乏理解宽容的心胸气度，缺乏当仁不让的责任担当。他们热衷于各种西洋节日和洋快餐，却不知道中国传统节日的由来和习俗；不知道琵琶究竟是弹的还是拉的，不知道京剧的名段名角；汉字写得东倒西歪，中国名著经典常常一问三不知。中华民族遗留下来的宝贵财富，已经被他们弃之门外，置之不理了。可见，小学生的传统文化素养已经到了不得不抓的程度。

三、中华优秀传统文化教育面临的挑战

（一）基本障碍

实施传统文化教育以来，一方面学校开展着形式多样的教学活动，另一方面我们也看到"复制""粘贴"，模式化比较严重的情况。传统文化教育的完善，必须正视这些问题，找准原因，对症下药，才可能从根本上提升教育的有效性，提供可持续开展的动力。

过去这些年，传统文化教育效果良莠不齐，与传统文化教育并未深入渗透到学校教育体系有很大的关系。许多学校开展传统文化教育仅仅是为了应付教育部门的倡导和要求，往往只通过主题活动来进行，时间短，且并未考虑将其渗透进学生的日常生活，与传统文化教育本质上要求实现人格内化的目标相背离，难以调动学生持久的兴趣，成效甚微。在这种情况下，学校之间相互模仿活动形式成为惯例，教师常常为开展怎样的主题活动犯难。当前，传统文化教育的背景有了极大的改变，甚至将其提升至教育国策，融入课标，并且有针对性地展开指导。毫无疑问，这将极大激发中小学深入开展传统文化教育的主动性。有了校方的支持，担任传统文化教育的教师将不再像过去那样"单打独斗"，使过去传统文化教育中存在的社会与学校环境支持度较低的情况有了根本的改善。

研究者总结青少年传统文化教育存在着几大障碍：如对传统文化的内涵和外延还缺乏必要的科学的梳理；传统文化载体严重受损，难以通过情境教育增强青少年传统文化教育的实效；传统文化教育的合力远未形成，难以增强传统文化教育的有效性；等等。[①] 事实上，这些问题大部分都是由于缺少可胜任的教师造成的。缺少良师，课程内容的开发、提升学生兴趣的授课方法等就难以做好。传统文化载体缺失的原因，一是任课教师难以发掘传统文化的知识载体，二是社会对传统文化载体的认识过狭。事实上，在民众日常生活中

---

① 　刘宏森. 青少年传统文化教育的四大障碍 ［J］. 中国青年政治学院学报，2014，33（03）：72~76.

有许多常见而不知的传统文化并未得到充分的重视。

（二）核心挑战

毫无疑问，传统文化教育面临的最大挑战是师资问题。诚如我们此前所说，过去百年传统文化教育曾出现断层，且西方学科分类使传统文化或"无处安放"，或散落在其他科目中。教师主要来自高等师范院校，然而直到现在都没有传统文化教育学科。国家倡导传统文化教育，不仅是中小学在补课，师范院校也在补课。如此，供不能满足需，出现了师资不足的情况。目前，全国不少高等师范院校也在努力通过各种渠道提升教师的传统文化素养以胜任工作岗位的需要。中小学校的传统文化教师主要由科任教师或班主任兼任，通过不定期的参加传统文化类师资培训来解决教师力量薄弱的问题。

这些手段只能成为传统文化教育师资培育的辅助手段，并不能从根本上解决师资问题。传统文化涵盖了今天学科分类中的文、史、哲，但又不仅仅是这些内容，比如传统科技、传统数理、传统游艺等。这些专业知识，必须通过长时间的学习才能深入了解，才能从知识到思想，掌握传统文化的精髓，同时灵活运用教育学的相关理论和教学经验，从传统文化的海洋中遴选适合当代学生、切合课标要求的教学内容。当前，师范院校重新重视过去流行于中等师范学校的"全科教育"，即培养师德高尚、知识面广、能文能武、能画能唱、全智多能的百科全书式好教师。在传统文化教育师资的培育中，应借鉴"全科教育"的模式，使高等师范院校的学生全面接触传统文化所涉及的基本内容，形成对传统文化整体的、准确的感知，使学生具备终身学习、不断提升自己传统文化素养的能力，培养胜任传统文化教育的专才。与此同时，辅以不定期的教师培训、研讨、工作坊等。如此，才能为传统文化教育源源不断地输送人才。

传统文化教育面临的挑战之二，是如何形成学术研究与学校教学之间的合力。传统文化的宽博与专业决定了学校教学必须持久依赖学术研究的支持，这是传统文化教育区别于其他教育内容的显著特征。然而，大学科研与中小学校一线教学之间仍然存在高高的壁垒。许多中小学校的传统文化教育几乎处于封闭状态。在这种情况下，中小学独立研发的教材极容易出现常识性的错误，误导学生，备受诟病，大学研究的成果又不能及时为中小学所知。在过去的传统文化教育中，一些学校也在试图搭建与大学机构合作的平台，例如请大学教研人员到中小学为教师或学生开设专题讲座等。但是这种合作形式存在内容安排散乱、随意性大、缺乏连续性等缺点，难以进行深度交流。事实上，中小学教师需要学术研究人员提供专业的意见，学术研究人员只有深入中小学一线课堂，才能有针对性地提出问题和解决之道。

第二章 传统文化融入小学语文教育的价值

　　小学生处于价值观建立的关键时期，我国的传统文化可以帮助学生建立正确的思维观念，在小学语文教学中融入传统文化，可以帮助学生了解我国传统文化的魅力，继承并发扬我国优秀的传统文化。本章首先简述了小学语文中的传统文化，并就小学语文教育与传统美德教育；小学语文教育与爱国主义传统教育；小学语文教育与传统的人生观、价值观的融合展开论述。

第一节　小学语文与中华传统文化

一、"龙"文化

　　华夏文明，源远流长。龙，是我们中华民族的象征，一则故事，一个传说，一部经典，一段佳话……文学经典中的诸多内容，都与龙相关。

　　让我们阅读经典，走进"龙"的文化。学习这部分内容，阅读有关龙的经典篇目，记诵积累，联系生活，交流分享，感受"龙"这一形象的魅力。

（一）追溯文化起源

　　龙，作为中华民族一种独特的文化象征，已经深深扎根于我们每个人的潜意识，人们的日常生活、生老病死几乎都已打上"龙"文化的烙印，同时"龙"文化的视角与审美意识，已渗透到我国社会文化的各个方面、各个领域。

　　1. 资料链接

　　龙全身的各个部位都有特定的寓意：前额表示聪明智慧，鹿角表示社稷和长寿，牛耳寓意名列魁首，虎眼表现威严，爪子表现勇猛，剑眉象征英武，狮鼻象征宝贵，金鱼尾象征灵活，马齿象征勤劳和善良等。

龙在中国神话中是一种善变化、兴云雨、利万物的神异动物，传说能隐能显，春分时登天，秋分时潜渊。龙为众鳞虫之长，四灵（青龙、白虎、朱雀、玄武）之首，后成为皇权象征，历代帝王都自命为龙。夏王朝既是中国历史上的第一个王朝，也是一个以龙为图腾的氏族。自此，龙就在中国人的传说中开始生根……

2. 故事链接

龙的传人

在中国古代神话中，人类是由女娲抟黄土造出来的。女娲创造了人类，那么女娲又是谁创造的呢？人们通常认为，女娲最早应该是奉蛇为图腾的氏族创造出来的。

图腾是原始社会氏族信仰的某种自然或有血缘关系的亲属、祖先、保护神等，并用来作为本氏族的标志或象征。原始氏族对大自然的崇拜是图腾产生的基础。运用图腾解释神话、古典记载及民俗民风，是人类历史上最早的一种文化现象。蛇图腾在女娲、伏羲等形象上能明显地看出。

在奉蛇为图腾的地区，人们一般认为"蛇"是"龙"的原型，"龙"是"蛇"的神性显示。所以在江苏、浙江、安徽一带称家蛇为"苍龙""天龙""家龙"等等。在广东、广西、福建等地有些民族自称"龙种""龙人""龙户"，并建蛇庙，祭祀蛇神。

由此可以看出，中华民族与龙有着深厚的历史渊源，龙是中国人的象征，中华民族骄傲地认为自己是"龙的传人"。

（二）探寻历史印记

1. 天子与龙

龙是皇权的象征，中国古代皇帝被誉为"真龙天子"，这应该是图腾崇拜的一种形式，"龙体""龙颜"等词也是皇权崇拜的产物。龙是皇权即最高权力的象征，引申而来，龙也象征吉祥富贵，这是民俗中对权力崇拜的表现，带有一种原始的美好向往。

天子的龙袍，绘有龙纹图案，色泽明黄，一般绣九条龙：前后身各三条，左右肩各一条，襟里藏一条，从正面或背面单独看都是五条，寓"九五之尊"之意。

龙袍为至尊之服，制作精细，做工考究。据说清代龙袍，由清宫一流工匠精心设计，做出图样，经过皇帝亲自验看认可后，才送南京或苏杭等地精工督造。一件普通袍料就需费工 190 天。特殊袍服，还要用孔雀尾毛捻线，再用大珍珠串缀，绣成龙凤或团花图案，其费工之大、用料之奢，令人咋舌。清代龙袍还绣"水脚"（下摆等部位有水浪、山石图案），隐喻山河统一。

龙椅，是指古时候皇帝所坐的扶手上刻有龙的图案的椅子，漆上黄色以表示皇家的威严，一般放在朝堂的台阶上。龙椅隐含了"第一把交椅"的意思，"坐龙椅"就是指当皇帝。

2. 民俗与龙

（1）赛龙舟

赛龙舟是端午节的习俗之一，也是汉族在端午节最重要的民俗活动之一，在中国的南方普遍存在。而在北方靠近河湖的城市也有赛龙舟习俗，大部分是划旱龙舟舞龙船的形式。关于赛龙舟的起源有祭曹娥、祭屈原、祭水神或龙神等多种说法，最早可追溯至战国时代。

（2）龙抬头

传说每年农历二月初二是龙抬头的日子。龙抬头又被称为"春耕节""春花节""春龙节"，是中国民间传统节日。人们庆祝"龙抬头"，敬龙祈雨，请老天保佑丰收。

传说此节起源于三皇之首伏羲氏时期。伏羲氏重农桑，务耕田，每年二月初二这天，御驾亲耕。后来黄帝、唐尧、虞舜、夏禹纷纷效法于他。到了周朝的周武王时期，不仅沿袭了这一传统做法，而且还把它当作一项重要的国策来实行。

（3）舞"龙"

中华民族是世界上人口最多的民族，凡是有华人居住的地方都把"龙"作为吉祥之物，在节庆、贺喜、祝福、驱邪、祭神、庙会等期间，都有舞"龙"的习俗。

（三）赏读经典作品

1. 名著写龙

《西游记》中的龙

在《西游记》中，东海敖广、西海敖闰、南海敖钦、北海敖顺，被称为四海龙王。龙王，掌管水族和降水，也有等级，井有井龙王，河有河龙王，海有海龙王。传说，海龙王级别最高。

小白龙敖烈原来是西海龙王的三太子，他因纵火烧了玉帝赐的明珠，触犯天条，犯下死罪，幸亏观世音菩萨出面，才幸免于难，被贬到蛇盘山等待唐僧西天取经。

无奈他不识唐僧和悟空，误食唐僧坐骑白马，后来被观世音菩萨点化，隐角褪鳞，变化成白龙马，取经路上供唐僧骑乘，任劳任怨，历尽艰辛，终于修成正果。

2. 名诗写龙

龙移

【唐】韩愈

天昏地黑蛟龙移，雷惊电激雄雌随。

清泉百丈化为土，鱼鳖枯死吁可悲。

3. 成语、俗语写龙

龙飞凤舞　　龙潭虎穴　　笔走龙蛇　　鱼龙混杂　　望子成龙　　游云惊龙

老态龙钟　　藏龙卧虎　　龙凤呈祥　　龙马精神　　龙腾虎跃　　生龙活虎

来龙去脉　　龙争虎斗　　群龙无首　　雕龙画凤　　龙吟虎啸　　鱼龙混杂

神龙见首不见尾　　强龙不压地头蛇　　大水冲了龙王庙　　车如流水马如龙

（四）采撷生活精粹

1. 建筑与龙

房屋上的龙

在传说中，龙是东方神兽，龙形纹早在战国时期就已经出现。古人根据自己心目中龙的形象，创造出各种各样的神妙故事。传说龙生九子，九子各异。在古代建筑中，龙形图案运用广泛，其寓意深远。

2. 歌曲与龙

龙的传人

遥远的东方有一条江 它的名字就叫长江

遥远的东方有一条河 它的名字就叫黄河

虽不曾看见长江美 梦里常神游长江水

虽不曾听过黄河壮 澎湃汹涌在梦里

古老的东方有一条龙 它的名字就叫中国

古老的东方有一群人 他们全都是龙的传人

巨龙脚底下我成长 长成以后是龙的传人

黑眼睛黑头发黄皮肤 永永远远是龙的传人

百年前宁静的一个夜 巨变前夕的深夜里

枪炮声敲碎了宁静夜 四面楚歌是姑息的剑

多少年炮声仍隆隆 多少年又是多少年

巨龙巨龙你擦亮眼 永永远远地擦亮眼

二、马文化

中国是世界马种的发源地和养马最早的国家之一。

马在中国人的心目中，有着非常美好的形象，被视为吉祥瑞兽。历代君王将相、文人墨客中有不少爱马之人，流传下一个个与马有关的故事，抒写了一篇篇以马为题材的作品。

让我们一起探究中华经典文化中有关"马"的文化吧！

（一）追溯文化起源

龙马精神是中华民族自古以来所崇尚的奋斗不止、自强不息的民族精神。祖先们认为，龙马就是仁马，它是黄河的精灵，是炎黄子孙的化身。因此每到龙年或到马年，人们都会提到"龙马精神"这个成语。那么，龙马最早来源于哪里？又发生过怎样的故事？让我们一起来读读吧！

1. 资料链接

龙马负图带来中华文明，是中华文化的源泉，与中华民族的根紧紧相连。千百年来，河图洛书一直披着神秘的外衣，而这个千古之谜的源头就在龙马负图寺。

龙马负图寺位于河南省洛阳市孟津县会盟镇雷河村，因有龙马"负图出于孟河之中"而得名。龙马负图寺共有三进院落，一进为山门、钟鼓楼，二进为伏羲、文王、孔圣三殿，三进为三皇殿。

在伏羲殿前，有一座三米多高的龙马塑像，这匹龙马足踏波浪，仰首嘶鸣，栩栩如生。该寺伏羲圣像碑上也刻有龙马像，并附《龙马记》曰："龙马者，天地之精，其为形也，马身而龙鳞，故谓之龙马。高八尺五寸，类骆（骨骼）有翼，蹈水不没，圣人（指伏羲）在位，负图出于孟河之中焉。"

远古文化无不带有神秘色彩，但神秘外衣之下，自有其真实的成分。河图洛书被誉为"中国先民心灵思维的最高成就"，被视为中华文明的第一个高峰。而作为"河图之源"的龙马负图寺更拥有着独一无二的历史地位和文物价值。

2. 故事链接

龙马的由来

相传上古时期，伏羲带领部落在黄河一带繁衍生息，河里曾出现过一个妖怪。它头似龙，身似马，满身的鬃毛卷成无数个旋涡，人们根据它的外形叫它龙马。

据说这龙马是水中蛟龙变的，凶猛无比。它的到来，导致附近洪水横流，庄稼毁坏，人们无法生存下去。伏羲见状，义无反顾地纵身下河与之搏斗，经过七天七夜的较量，在图河上降服龙马。伏羲依照龙马背上的图点，画出了图样，史称"河图"。后有神龟出于洛水，背负"洛书"。后来，伏羲根据这种"图""书"研究出了八卦图。从此，人类结束了结绳记事的时代，进入了数的时代，人类文明向前迈进了一大步。

"龙马恰为天地用，图河先得圣人心。"后世为纪念伏羲和龙马，修建了一座寺院，叫龙马负图寺。寺前高竖两块大碑，上刻"图河故道"和"龙马负图处"。

（二）探寻历史印记

1. 名人与马

徐悲鸿与马

杰出的画家徐悲鸿特别爱画马，他所作的许多骏马图都成了艺术珍品。

1934 年春天，徐悲鸿到莫斯科国立博物馆举办画展，并为观众现场作画。那天，观众把展览厅挤得水泄不通。徐悲鸿从容地磨墨、铺纸，转眼之间，一匹活生生的骏马便出现在纸上。观众被徐悲鸿的高超技艺征服了，大厅里响起雷鸣般的掌声。这时候，一位身材魁梧的元帅拨开人群，走到徐悲鸿面前，彬彬有礼地说："徐先生，我能要这幅画吗？不然，我会发疯的！"徐悲鸿被这位元帅的诚意感动了，他点头微笑，挥笔题上字，把这幅画送给了元帅。元帅高兴得像打了胜仗似的，和徐悲鸿热烈拥抱，大声称赞道："徐先生，您不但是东方的一支神笔，而且是世界的一支神笔。您笔下的马，比我骑过的任何战马都壮美！"

徐悲鸿经常画马，和马在一起，听着马蹄嗒嗒，看着马儿奔驰，因而他觉得这是一种精神享受，他的心仿佛和马一同驰骋。

2. 名物与马

马踏飞燕

马踏飞燕也称马超龙雀，是东汉青铜艺术的杰出代表。这座青铜器塑造了一匹正在疾驰飞奔的千里马，体态健美，昂首扬尾，张口嘶鸣，三足腾空，右后蹄下踏着一只飞鸟，飞鸟展翅欲飞，惊愕回首。一切都发生在瞬间，却给人以无限的想象空间。中国古代匠师运用现实主义与浪漫主义相结合的艺术手法，以丰富的想象力、精巧的构思、娴熟的匠艺，把奔马和飞鸟绝妙地结合在一起，以飞鸟的迅疾衬托奔马的神速，将奔马的奔腾不羁之势与平实稳定的力学结构凝为一体，它所具有的蓬勃的生命力和一往无前的气势，正是中华民族的象征。①

（三）赏读经典作品

1. 名篇写马

马　说

【唐】韩愈

世有伯乐，然后有千里马。千里马常有，而伯乐不常有。故虽有名马，只辱于奴隶人之手，骈死于槽枥之间，不以千里称也。

马之千里者，一食或尽粟一石，食马者不知其能千里而食也。是马也，虽有千里之能，食不饱，力不足，才美不外见，且欲与常马等不可得，安求其能千里也？

策之不以其道，食之不能尽其材，鸣之而不能通其意，执策而临之，曰："天下无马！"呜呼！其真无马邪？其真不知马也！

2. 名诗写马

凉州词

【唐】王翰

葡萄美酒夜光杯，欲饮琵琶马上催。

醉卧沙场君莫笑，古来征战几人回？

3. 成语写马

指鹿为马　马到成功　天马行空　万马奔腾　蛛丝马迹　一马平川

心猿意马　一马当先　马革裹尸　牛头马面　马到成功　走马观花

（四）采撷生活精粹

1. 马姓名人

马皇后，名秀英（1332—1382），安徽宿州人，明太祖朱元璋之妻。她仁慈、善良、简朴、爱民，是一代贤后。她敢于在明太祖实行暴政时进行劝谏，保全了许多忠臣良将的性命。她善待后宫嫔妃，不为娘家谋私利，开创了明朝后宫和外戚不干政的好风气。朱元璋对马皇后一直非常尊重和感激，对她的建议也往往能认真听取和采纳。

2. 马的衍生词

马前卒——形容为别人效力的人，含贬义。

---

① 肖俊宇. 小学语文学科教育［M］. 北京：教育科学出版社，2016.

马屁精——形容善于谄媚拍马屁的人。

马大哈——形容粗心大意的人。

马后炮——比喻事情已经发生，才说自己早料到事情的结果会是这样，含贬义。

三、"山"文化

翻阅中华文化艺术的文本，纵观中华历史文化的长廊，你会发现，中国的文化历来与山有着不解之缘：神仙多是居于山上；太行山是神农氏尝百草的地方；历代的文人墨客对山也有着特殊的情感：与山有关的诗、词、歌、赋、曲数不胜数。时至今日，在现代人的生活中也能看到"山"文化的缩影……

就让我们走进中华经典文化，去了解和探究"山"的文化吧！

（一）追溯文化起源

在我国的传统文化中，很多经典的文化都与山有着千丝万缕的密切联系，民间故事和神话传说就是其中很重要的部分，很多山脉的名称都源自一些神话传说。

黄山是我国众多名山的代表之一。明代徐霞客曾说："五岳归来不看山，黄山归来不看岳。"其意赞美五岳是我国山里最美的，从五岳回来后，其他的山都不要看了，但是黄山比五岳更美丽，从黄山回来，连五岳也不要看了。

1. 资料链接

黄山以奇松、怪石、云海、温泉"四绝"著称于世，景区内奇峰耸立，有 36 大峰、36 小峰，其中莲花峰、天都峰、光明顶三大主峰，海拔均在 1800 米以上。景区可观"迎客松""送客松""松鼠跳天都""孔雀戏莲花""姜太公钓鱼""仙人飘海""犀牛望月"等景观，还可远眺"仙人下棋""梦笔生花""猴子观海""猪八戒吃西瓜""十八罗汉朝南海"等奇观。明代大旅行家徐霞客二游黄山，叹曰："薄海之内，无如徽之黄山，登黄山天下无山，观止矣。"

2. 故事链接

黄山名称的由来

传说有一天，黄帝眉宇紧锁，浮丘公便关切地询问，黄帝无限伤感地说："唉，我老了，可我还要开垦土地、治理河道、驯化禽兽……我可不能这么早死啊。"于是皇帝要求浮丘公为他寻找一个炼长生不老仙丹的地方。3 年后，浮丘公终于回来了，带领众人去到了那处仙境黟山，发现果真是个绝胜处。轩辕黄帝更是如痴如醉，向山里走去。黟山 72 座陡峭的山峰插入云中，有些地方连猴子也难爬上去，可轩辕黄帝却踏遍了每一寸山崖。

那几个臣仆受不了苦，先后偷偷地跑走了。最后，只剩下轩辕黄帝和浮丘公、容成子3个人。他们三人花了9年时间，才在山中找齐了各种药材开始炼丹。

整整炼了3年，像山一样高的柴垛烧完了，炼丹台附近的树也砍尽了，浮丘公和容成子不得不到远处去砍柴。轩辕黄帝在炉前烧火，他把最后一块松柴填进炉膛，砍柴的却还没有回来。眼见炉膛内的火渐渐小了，黄帝急得坐立不安。炼丹的火万一熄灭，那就前功尽弃了。怎么办呢？黄帝便把自己的一条腿伸进炉膛里，这时炉火才旺起来。

烧着烧着，炼丹炉内骤然一声巨响，射出万道金光——仙丹炼成了！

因为黟山是黄帝炼丹的地方，后人就把黟山叫作黄山了。现在黄山七十二峰中的轩辕峰、浮丘峰和容成峰，就是为了纪念他们而命名的。

（二）探寻历史印记

1. 名人与山

高山流水

据史料记载，有一年，俞伯牙奉晋王之命出使楚国。行至汉阳江口时，伯牙突然琴兴大发，在船上拿出随身带来的琴，专心致志地弹了起来。正当他完全沉醉在优美的琴声之中的时候，猛然看到一个人在岸边一动不动地站着。伯牙借着月光仔细一看，那个人身旁放着一担干柴，竟然是个打柴的人。伯牙心想：一个打柴的樵夫，怎么会听懂我的琴呢？于是他就问："你既然懂得琴声，那就请你说说看，我弹的是一首什么曲子？"听了伯牙的问话，那打柴的人笑着回答："先生，您刚才弹的是孔子赞叹弟子颜回的曲谱。"

打柴人的回答一点儿不错，伯牙不禁大喜，忙邀请他上船来细谈。接着，伯牙又为打柴人弹了几曲，请他辨识其中之意。当他弹奏的琴声雄壮高亢的时候，打柴人说："这琴声，表达了高山的雄伟气势。"当琴声变得清新流畅时，打柴人说："这后弹的琴声，表达的是无尽的流水。"

伯牙听了不禁惊喜万分，自己用琴声表达的心意，过去没人能听得懂，而眼前的这个樵夫，竟然听得明明白白，于是他问明打柴人名叫钟子期，和他喝起酒来。两人越谈越投机，相见恨晚，结拜为兄弟，并约定来年的中秋再到这里相会。

第二年，伯牙如约来到了汉阳江口，可是他等啊等啊，怎么也不见钟子期来赴约。

第二天，伯牙向一位老人打听钟子期的下落，老人告诉他，钟子期已不幸染病去世了。临终前，他留下遗言，要把坟墓修在江边，到八月十五相会时，好听俞伯牙的琴声。

听了老人的话，伯牙万分悲痛，他来到钟子期的坟前，凄楚地弹起了古曲《高山流水》。弹罢，他挑断了琴弦，长叹了一声，把心爱的瑶琴摔碎在青石上了。他悲伤地说："我唯一的知音已不在人世了，这琴还能弹给谁听呢？"

两位"知音"的友谊感动了后人，人们在他们相遇的地方，筑起了一座古琴台。直至今天，人们还常用"知音"来形容朋友之间的情谊。①

2. 名画与山

《富春山居图》

《富春山居图》是元朝画家黄公望的作品，是黄公望为无用师和尚所绘，以浙江富春江为背景，全图用墨淡雅，山和水的布置疏密得当，墨色浓淡干湿并用，极富于变化，是黄公望的代表作，被称为"中国十大传世名画"之一。

《富春山居图》明朝末年传到收藏家吴洪裕手中，吴洪裕极为喜爱此画，甚至在临死前要求将此画焚烧殉葬，幸好吴洪裕的侄子从火中抢救出，但此时画已被烧成一大一小两段。前段称《剩山图》，现藏浙江省博物馆，后段较长，称《无用师卷》。

（三）赏读经典作品

1. 名著写山

《西游记》中的花果山

《西游记》中花果山水帘洞位于东胜神洲傲来国，是齐天大圣孙悟空的故乡。

《西游记》开篇中写道：

感盘古开辟，三皇治世，五帝定伦，世界之间，遂分为四大部洲：曰东胜神洲，曰西牛贺洲，曰南赡部洲，曰北俱芦洲。

在东胜神洲，有一国名曰傲来国。国近大海，海中有一座名山，唤为花果山。

在《西游记》这部原著中，花果山有一个洞称为水帘洞，洞内有石锅石灶、石碗石盆、石床石凳，中间一块石碣上，刻有"花果山福地，水帘洞洞天"。

孙悟空在花果山称王称霸。花果山也因此而出名，至今仍被人们经常提起。

2. 名诗写山

望　岳

【唐】杜甫

岱宗夫如何？齐鲁青未了。

造化钟神秀，阴阳割昏晓。

---

① 曹明海. 语文教育观新建构［M］. 济南：山东人民出版社，2007.

荡胸生层云，决眦入归鸟。

会当凌绝顶，一览众山小。

3. 成语写山

水漫金山	高山仰止	巫山云雨	中流砥柱	敲山震虎	洞天福地
钟灵毓秀	巴山夜雨	青山不老	东山再起	巍然屹立	深山老林
登峰造极	峰回路转	高山景行	依山傍水	山穷水尽	半壁江山

（四）采撷生活精粹

苏州园林

园林是山水艺术的缩影。我国最具代表性的是苏州园林，它是对江苏省苏州山水园林建筑的统称，在汉族建筑中独树一帜，有重大成就的是古典园林建筑。

苏州园林里都有假山。假山的堆叠可以说是一项艺术而不仅仅是技术。或者是重峦叠嶂，或者是几座小山配合着竹子花木，全有赖于设计者和匠师们的生平阅历，胸中有丘壑，才能使游览者游赏的时候忘却苏州城市，只觉得身在山间。

四、"水"文化

"天生一，一生水，水生万物，大藏于水。"水，是生命之源，也是文明之源。水，不仅孕育了华夏民族，而且还影响了中华文明的形成。水自由灵动，孔子有"智者乐水，仁者乐山"之说；水平平常常，庄子有"君子之交淡如水"之喻；水多愁善感，词人李煜有"问君能有几多愁，恰似一江春水向东流"之叹……

无论是古诗文中的"水"，还是哲学著作中的"水"，都蕴含着丰富的文化内涵，就让我们走进"水"的文化吧！

（一）追溯文化起源

回眸灿烂辉煌的中华文明，说到水，最早大约可追溯到神话传说《大禹治水》的故事。大禹是我国古代最有名的治水英雄之一，他"三过家门而不入"，治水13年，耗尽心血与体力，终于完成了治水大业，就让我们一起来读一读。

1. 资料链接

（1）《史记》中的"大禹治水"

司马迁的《史记》中也有关于"大禹治水"的记载：

尧舜时，九河不治，洪水泛滥。尧用鲧治水，鲧用拥堵之法，九年而无功。后舜用禹治水，禹开九州，通九道，陂（bēi）九泽，度（duó）九山。疏通河道，因势利导，十三年终克水患。一成一败，其治不同也。

（2）我国的两大母亲河

传说大禹治理的河流是黄河。黄河是中华民族的摇篮，是中国的第二长河。黄河发源于"世界屋脊"——青藏高原，蜿蜒东流，穿越黄土高原及黄淮海大平原，注入渤海。黄河全长 5464 千米，呈"几"字形流经青海、四川、甘肃、宁夏、内蒙古、陕西、山西、河南及山东 9 个省、自治区。由于河流中段流经中国黄土高原地区，因此挟带了大量的泥沙，所以它也被称为世界上含沙量最多的河流。在中国历史上，黄河对沿河流域的人类文明带来了很大影响，它是中华文明最主要的发祥地之一。

长江也发源于青藏高原，流经青海、西藏、四川、云南、重庆、湖北、湖南、江西、安徽、江苏、上海 11 个省、自治区、直辖市，于崇明岛以东注入东海，全长约 6387 千米，比黄河长 900 余千米，在世界大河中长度仅次于非洲的尼罗河和南美洲的亚马孙河，居世界第三位。

黄河和长江两大河流哺育着两岸的炎黄子孙，它们是中华文明最主要的发祥地，是我们中华民族的母亲河。

2. 故事链接

大禹治水

尧在位的时候，黄河流域发生了很大的水灾，庄稼被淹了，房子被毁了，老百姓只好往高处搬。不少地方还有毒蛇猛兽伤害人和牲口，叫人们过不了日子。

尧召开部落联盟会议，商量治水的问题。他征求四方部落首领的意见，询问他们派谁去治理洪水。首领们都推荐鲧（gǔn）。

尧对鲧不大信任，首领们说："现在没有比鲧更强的人啦，你让他试一下吧！"尧才勉强同意。

鲧花了 9 年时间治水，没有把洪水制服。因为他只懂得水来土掩，一味地造堤筑坝，结果洪水冲塌了堤坝，水灾反而闹得更凶了。

舜接替尧当部落联盟首领以后，亲自到治水的地方去考察。他发现鲧办事不力，就把鲧杀了，又让鲧的儿子禹去治水。

禹改变了他父亲的做法，用开渠排水、疏通河道的办法，把洪水引到大海中去。他和老百姓一起劳动，戴着箬笠，拿着锹子，带头挖土、挑土。

那时，禹新婚不久，为了治水，到处奔波，多次经过自己的家门，都没有进去。有一次，他妻子涂山氏生下了儿子启，婴儿正在哇哇地哭，禹在门外经过，听见哭声，却狠下心没进去探望。

当时，黄河中游有一座大山，叫龙门山（在今山西河津西北），它堵塞了河水的去路。奔腾东下的河水受到龙门山的阻挡，常常溢出河道而闹水灾。禹到了那里，观察好地形，带领人们开凿龙门，把这座大山凿开了一个大口子。这样，河水就畅通无阻了。

经过 13 年的努力，禹终于把洪水引到大海里去，不再闹洪水的土地又可以供人们种庄稼了。后来的人们都称颂禹治水的功绩，尊称他为"大禹"。

（二）探寻历史印记

1. 名人与水

老子与水

中国古代著名思想家、道家学派创始人老子，十分崇尚"水"。在《道德经》里，老子发出了"上善若水，水善利万物而不争，处众人之所恶，故几于道"的感慨。老子认为"上善若水"是最高境界的善行，最善良的人就应该像水一样，造福万物，滋养万物，却不与万物争高下，这才是最为谦虚的美德。

李白与水

诗仙李白是一个与水有着不解之缘、被水滋养的诗人。

李白的诗里充盈着水，水即是情，情亦似水；水即是天，亦是归处。水是李白灵感的源泉，在他的诗里，有"长风破浪会有时，直挂云帆济沧海"的感叹，有"抽刀断水水更流，举杯消愁愁更愁"的忧愁，也有"孤帆远影碧空尽，唯见长江天际流"的惆怅。

李白不仅以水入诗，更是写遍三江五湖，名句迭出，如《横江词》中的"惊波一起三山动，公无渡河归去来"，《夜泊牛渚怀古》中的"牛渚西江夜，青天无片云"，《赠汪伦》中的"桃花潭水深千尺，不及汪伦送我情"，真是不胜枚举。

可见，李白若离开了水，就不再是我们所熟知的李白；水若缺少了李白，后来诗词中的水性也当少却几分吧。

2. 名著与水

《水经注》

《水经注》是公元 6 世纪北魏地理学家郦道元的著作，是对地理古籍《水经》的注解。全书 30 多万字，详细介绍了中国境内 1000 多条河流以及与这些河流相关的郡县、城市、物产、风俗、传说、历史等。该书还记录了不少碑刻墨迹和渔歌民谣，是中国古代较完整的一部以记载河道水系为主的综合性地理著作。《水经注》与《三国志注》《世说新语注》《文选注》，并称"四大名注"。

《水经注》文笔雄健俊美，既是古代地理名著，又是优秀的文学作品，在中国历史发展进程中有过深远影响。自明清开始，不少学者从各方面对它进行了深入细致的专门研究，形成了内容广泛的"郦学"。

（三）赏读经典作品

1. 名著写水

孔子论水

孔子曰："夫水大，遍与诸生而无为也，似德。其流也埤下，裾拘必循其理，似义。其洸洸乎不淈尽，似道。若有决行之，其应佚若声响，其赴百仞之谷不惧，似勇。主量必平，似法。盈不求概，似正。淖约微达，似察。以出以入，以就鲜洁，似善化。其万折也必东，似志。是故君子见大水必观焉。"

2. 名诗写水

春江花月夜（节选）

【唐】张若虚

春江潮水连海平，海上明月共潮生。

滟滟随波千万里，何处春江无月明！

江流宛转绕芳甸，月照花林皆似霰。

空里流霜不觉飞，汀上白沙看不见。

江天一色无纤尘，皎皎空中孤月轮。

江畔何人初见月？江月何年初照人？

人生代代无穷已，江月年年望相似。

不知江月待何人，但见长江送流水。

3. 成语、俗语写水

镜花水月　萍水相逢　水木清华　裁云剪水　积土为山，积水为海

落花有意，流水无情　兵来将挡，水来土掩　流水不腐，户枢不蠹

海水不可斗量　水至清则无鱼　近水楼台先得月

（四）采撷生活精粹

1. 水的利用

京杭大运河，又称京杭运河，简称大运河，是中国古代一项伟大的水利工程，也是世界上开凿最早、里程最长的大运河，与长城、坎儿井并称为中国古代的三项伟大工程，

2014 年成功入选世界文化遗产名录。

京杭大运河北起北京，南至杭州，流经天津、河北、山东、江苏和浙江四省一市，沟通海河、黄河、淮河、长江和钱塘江五大水系，全长 1794 千米，长度是苏伊士运河的 16 倍，巴拿马运河的 33 倍，是中国仅次于长江的第二条"黄金水道"。

大运河始建于春秋时期，形成于隋代，发展于唐宋，最终在元代成为沟通五大水系纵贯南北的水上交通要道。京杭大运河一向为历代漕运要道，曾对南北经济和文化交流起到重大作用。

2. 建筑与水

在北京奥林匹克公园内有一座简洁明快又富有神秘感的巨型长方体建筑，它就是北京 2008 年奥运会场馆国家游泳中心——"水立方"。"水立方"与中轴线一侧的国家体育场"鸟巢"遥相呼应，一静一动，相得益彰。

在中国文化里，水是一种重要的自然元素。水立方的设计旨在探寻水可以提供的各种娱乐方式，开发出水的各种不同的用途，希望能激发人们的灵感和热情，丰富人们的生活，并为人们提供一个记忆的载体。北京奥运会结束以后，它成了北京最大的、具有国际先进水平的多功能游泳、运动、健身、休闲中心，成了奥林匹克运动留给北京的宝贵遗产和北京城市建设的新亮点。

3. 农具与水

水　　车

水车又称孔明车，是我国最古老的农业灌溉工具之一，是先人们在改造自然的过程中创造出来的珍贵的历史文化遗产。相传汉灵帝时造出雏形，三国时孔明又进行了改造完善，隋唐时广泛用于农业灌溉，至今已有 1800 余年历史。[①]

五、"梅"文化

从梅子到梅花再到梅园，"梅"的价值被一次次挖掘，"梅"的品格亦被一次次提升。作为"岁寒三友"之一，梅在寒冬腊月里傲骨迎风，恰如王安石诗云"凌寒独自开"；作为"报春使者"，梅的绽放虽带着寒意却也预示着春的来临，恰如毛泽东词云，"俏也不争春，只把春来报"；作为"四君子"之首，梅又如高洁志士那般遗世而独立，恰如王冕诗云"只留清气满乾坤"……

让我们一起来探究中华经典文化中的"梅"文化吧！

---

①　唐晓敏. 中国传统语文教育智慧［M］. 桂林：广西师范大学出版社，2017.

（一）追溯文化起源

梅的记载最早见于《山海经·五藏山经》。《山海经》是我国现存最早的地理类典籍，成书于公元前3世纪，书中"中次八经"一章就有对"梅"的描写："灵山，其木多桃李梅杏。"意思就是灵山这个地方种的树大多是桃树、李树、梅树和杏树。

西汉以前，我们的祖先以果梅种植为主。自西汉始，暗香浮动的梅花慢慢引起人们的关注，"梅"开始成为中华民族精神的象征之一。

资料链接：

"梅"文化的发展

晋代，由于梅花的普遍栽培，咏赞梅花的诗赋已经出现。南北朝时期的陆凯曾写下短诗《赠范晔》："折花逢驿使，寄与陇头人。江南无所有，聊赠一枝春。"诗人用"一枝春"借代梅花，也象征春天的来临。梅花因此诗而有了"报春使者"的美誉。从此，人们的注意力转移到梅的花上，梅也因此以花闻名。

隋唐时期，梅的园林栽培已经初具规模。唐代名相宋璟曾作《梅花赋》，有"独步早春，自全其天"等赞语。李白、杜甫、柳宗元、白居易等，也有咏梅名诗。

宋、元年间是梅花观赏文化发展史上最重要、最繁盛的阶段。梅花作为人格的象征，被广为歌咏赞颂，梅花的园艺栽培也得到了极大的发展。

"植梅万本，曰'梅岭'""京洛春何早，凭高种岭梅。纷披百株密，烂漫一朝开"。以"万本""百株"来形容梅园之盛，足见当时梅花种植规模之大。

宋代歌咏梅花的文学作品也非常多，黄大舆编辑的一部多达10卷的咏梅词选《梅苑》，是中国文学史上第一部咏梅专集。范成大著的《范村梅谱》，描述记载了12个梅花品种，是中国也是世界上第一部梅花专著。

明、清两代是古代梅花观赏文化发展的最后阶段。这一时期，人们围绕梅花的品种、栽培、文艺等方面对"梅"文化进行了深入而细致的研究，并形成了专门的著作。

明代王象晋的《群芳谱》记载了19个梅花品种，并分成白梅、红梅、异品3大类。

近现代以来，梅花精神被进一步升华。陈毅元帅一首《冬夜杂咏·红梅》："隆冬到来时，百花迹已绝。红梅不屈服，树树立风雪。"从正面点出了梅的刚正与顽强。毛泽东词云以他浪漫的气质和丰富的想象创作了《咏梅》一词："风雨送春归，飞雪迎春到。已是悬崖百丈冰，犹有花枝俏。俏也不争春，只把春来报。待到山花烂漫时，她在丛中笑。"更是把梅花高洁励人的品格推向极致。

（二）探寻历史印记

1. 名人与梅

梅妻鹤子

寒冬腊月，梅花以其优雅的姿态、高洁的品性遗世而独立，让人过目不忘。古往今来，爱梅成癖、好梅成痴的名家名人也有不少，如宋代的林逋号称"梅妻鹤子"，元代的王冕别号"梅花屋主"。

梅妻鹤子林逋，字君复，后人称其为和靖先生，北宋著名的隐逸诗人。林逋幼时家境贫寒，但他学习十分刻苦勤奋，长大后成了一个很有学问的人。才华横溢的和靖先生生性恬淡，不喜在官场追逐功名利禄，也厌恶阿谀奉承之风，于是他便在杭州西湖边的孤山中隐居起来。身边亲友曾多次劝他出仕，但他觉得自己和青山绿水更为投缘，喜欢在西湖边过清闲自在的小日子。

林逋一生，不娶妻，也没有子嗣，却对栽梅花和养仙鹤情有独钟，曾写下"疏影横斜水清浅，暗香浮动月黄昏"的千古咏梅绝唱，成功地描绘出梅花清幽香逸的风姿。林逋自谓"以梅为妻，以鹤为子"，因此便有了"梅妻鹤子"的称号。

梅花屋主

元代著名画家、诗人王冕，爱梅、咏梅、画梅成癖。他隐居在老家诸暨九里山时，在自己家附近植梅千株，还把自己住的屋子取名为"梅花屋"，自号"梅花屋主"。王冕的墨梅画和墨梅诗，皆远近闻名。王冕画完《墨梅图》后，题诗道："吾家洗砚池头树，朵朵花开淡墨痕。不要人夸好颜色，只留清气满乾坤。"王冕其实是以梅花自喻，表明了自己不向世俗献媚的坚贞和淡泊名利的胸襟。

2. 名著与梅

《红楼梦》蕴含着丰富的中国传统风雅文化：诗词歌赋、笔墨纸砚、琴棋书画、松竹梅兰、山水泉石、香茶药酒，等等。其中梅文化有着相当重的分量，或表现当时的风俗，或表现众多美丽女子各擅才情的话题，或是愉悦情思的方式，或是表现心志的载体。

在《红楼梦》的诗词歌赋中经常咏到梅花，高潮出现在第五十回《芦雪庵争联即景诗，暖香坞雅制春灯谜》，有一处描写是大观园众姐妹咏红梅。

邢岫烟得"红"字："桃未芳菲杏未红，冲寒先已笑东风。魂飞庾岭春难辨，霞隔罗浮梦未通。绿萼添妆融宝炬，缟仙扶醉跨残虹。看来岂是寻常色，浓淡由他冰雪中。"

李纹得"梅"字："白梅懒赋赋红梅，逞艳先迎醉眼开。冻脸有痕皆是血，酸心无恨亦成灰。误吞丹药移真骨，偷下瑶池脱旧胎。江北江南春灿烂，寄言蜂蝶漫疑猜。"

薛宝琴得"花"字："疏是枝条艳是花，春妆儿女竞奢华。闲庭曲槛无馀雪，流水空山有落霞。幽梦冷随红袖笛，游仙香泛绛河槎。前身定是瑶台种，无复相疑色相差。"

这些咏梅诗所体现的内容都是些传统的风花雪月的畅怀，对理解人物的性格特征是有很大帮助的。如邢岫烟的纯朴、李纹的感伤、薛宝琴的奢华，都能通过诗作显见。

《红楼梦》中也常用高洁的梅花来象征人物。妙玉被认为是"一株傲世独立的白雪红梅，散发出她诱人的冷艳寒香"。梅已融入了妙玉的整个生命和形象中，她与这质朴而不媚俗的孤芳自赏的梅花一样，不愿与恶俗的世态同流合污。而在抽花签中，李纹掣出的花签上画着一枝老梅，写着"霜晓寒姿"四字。对此，李纹很是喜欢，她恰如一枝老梅，始终处于霜雪苦寒的环境之中，也正是因为她甘心充当这报春之花，才能引来百花齐放的大好春色。

3. 名画与梅

清代邹一桂所画《梅花竹石图》，画面上碧月初升，水边有一块坚石，石头两边各生一株墨竹，石头的上方，横生出一棵老梅，枝干苍劲有力，枝条曲折延伸，满树梅花竞相开放，老梅"老而弥坚"的旺盛生命力跃然纸上。值得一提的是，画面右上角是乾隆亲笔题写的诗作：

"石角溪头月照诸，冰香珠影澹如如。遥知瘦似枯梅者，梅样精神未减初。"

4. 名曲与梅

梅文化蕴含丰富，除咏梅、赏梅的诗词画作外，以梅为题材的乐曲也不少。《梅花三弄》作为中国十大古曲之一，把梅花作为君子、高士的人格形象加以礼赞，颂扬其坚贞的气节和崇高的情操。

《梅花三弄》，又名《梅花引》《梅花曲》《玉妃引》，原是一首笛曲，后来改编为古琴曲。根据史料所载，相传原本是东晋大将桓伊为狂士王徽之演奏梅花《三调》之事。王徽之应召赴东晋的都城建康，所乘的船停泊在青溪码头。恰巧桓伊在岸上经过，王徽之并不认识他。这时船上一位客人道："这是桓野王（桓伊字野王）。"王徽之便命人对桓伊说："闻君善吹笛，试为我一奏。"桓伊此时已是高官，但仍然十分豁达大度，他也久闻王徽之的大名，即刻下车上船。桓伊坐在胡床上，吹了三弄梅花之调，高妙绝伦。吹奏完毕，桓伊便上车走了，双方没有交谈一句话。晋人之旷达不拘礼节、磊落不着行迹，由此可见一斑。

（三）赏读经典作品

1. 诗词写梅

卜算子·咏梅

【宋】陆游

驿外断桥边，寂寞开无主。已是黄昏独自愁，更著风和雨。

无意苦争春，一任群芳妒。零落成泥碾作尘，只有香如故。

2. 成语写梅

青梅竹马　望梅止渴　暗香疏影　驿寄梅花　盐梅之寄

雪胎梅骨　摽梅之年　盐梅相成　望梅阁老　盐梅舟楫

（四）采撷生活精粹

1. 梅花与妆容

梅花妆，又叫落梅妆，是古代妇女的一种妆容，指女子在额上贴一梅花形的妆饰。这种妆容从南北朝时期开始盛行。

相传，南朝宋武帝刘裕的女儿寿阳公主，某日仰卧于含章殿下，殿前的梅树被微风一吹，落下来一朵梅花，不偏不倚正好沾在公主的额上，而且怎么都揭不下来。3 天之后，梅花被清洗了下来，但公主额上却留下了 5 个花瓣的印记。宫中女子见公主额上的梅花印非常美丽，都想效仿，于是就将梅花贴于额头，这就是"梅花妆"的由来。[1] 但梅花不是四季都有，于是她们就将很薄的金箔剪成花瓣形，贴在额上或者面颊上。这种装扮流传到民间，成为民间女子、官宦小姐及歌伎舞女们争相效仿的时尚妆容。

2. 梅花与园林

无锡梅园始建于 1912 年，为著名民族工商业者荣氏兄弟植梅数千株，经 10 余年建造而成。园内遍植梅树，是江南著名的赏梅圣地之一。梅园以梅饰山，倚山植梅，梅以山而秀，山因梅而幽。园内还有天心台、洗心泉、清芬轩、招鹤亭等景点，翘角飞亭，轩栅塔影，相映成趣，形成层次丰富的景色。小溪、野桥，影射古诗"骑驴过小桥，独叹梅花瘦"的意境。这里梅花品种尤繁：有洁白素净的玉蝶梅，有花如碧玉、萼如翡翠的绿萼梅，有红颜淡妆的宫粉梅，有胭脂滴滴的朱砂梅，还有浓烟如墨的墨梅等，不胜枚举。

---

[1]　陈燕. 小学语文中华传统文化 中华经典主题文化 [M]. 宁波：宁波出版社，2017.

六、"兰"文化

兰是花中四君子之一,享有"花中君子""王者之香"的称号。

兰花的由来可以说历史悠久。兰花是一种高雅、美丽且富有神秘色彩的植物。从古至今,文人雅士都有种植兰花的习惯,并给它们冠以"君子""雅士"等称号。

由此可见,兰花从古代就开始融入了人们的生活,并成为中华传统文化的重要组成部分。

让我们走进中华经典文化,去了解和探究"兰"的文化吧!

(一)追溯文化起源

兰花,古代称之为兰蕙。兰花最早是生长在野外的,被人发现之后,才进行人工的栽培和移植,并逐渐形成兰花的艺术和文化。那么,兰花文化的起源最早可以追溯到哪个年代呢?

资料链接

早在2500多年前的春秋时代,中国文化先师孔子就曾说过:"芝兰生幽谷,不以无人而不芳,君子修道立德,不为穷困而改节。"他还将兰的香气称为"王者之香"。

孔子的意思是说兰花生长在幽静山谷中,虽然无人,但它仍然芳香,因为它的芳香并非让人闻的,君子修身养性,俭以养德,不因为穷苦而改变自己的品德性情。这句话至今仍广为流传,足以证明中国兰花在历史文化上所占的地位。

通过各种资料的进一步考证,孔子说的"芝兰生幽谷"是对当时兰花生态环境十分贴切的描述,而且当时的气候比今天温暖,河南一带还生长竹子,有竹子的山地必有兰花分布。所以,孔子当时路经深林幽谷时见到兰花独茂并不稀奇,他所说的芝兰实为现今所称的兰花。

古代人们起初是以采集野生兰花为主,至于人工栽培兰花,则从宫廷开始。魏晋以后,兰花从宫廷栽培扩大到士大夫阶层的私家园林,并用来点缀庭园,美化环境。

三国时期的曹植就曾经写过"秋兰被长坂",诗中描写的就是人们种植兰花、培养兰花的情境。

直到唐代,兰蕙的栽培才发展到一般庭园和花农培植,唐代著名的大诗人李白就写过"幽兰香风远,葱草流芳根"的诗句。明、清两代,兰艺又进入了昌盛时期。兰花品种不断增加,栽培经验日益丰富,兰花已成为人们的观赏之物。当时有关兰花的书籍、画册、诗句及印于瓷器和某些工艺品的兰花图案数目较多,如明代张应民的《罗篱斋兰谱》,清代也涌现了不少兰艺专著，如《兰蕙同心录》，由浙江嘉兴人许氏所写，他嗜兰成癖，又善画兰，具有丰富的种植和培养兰花的经验。

（二）探寻历史印记

1. 名人与兰

孔子与兰

孔子（前551—前479），名丘，字仲尼，春秋时代鲁国人，是我国儒家学派创始人，也是我国古代最伟大的思想家、教育家。

然而，不太为人所知的是，孔子十分喜欢兰花。正是由于他特别重视个人品质的修养，所以在兰花身上寄托了深切的感情，在《孔子家语》一书中，就记载了孔子歌颂兰花的一段佳话。

"孔子曰：'吾死之后，则商也日益，赐也日损。'曾子曰：'何谓也？'子曰：'商也好与贤己者处，赐也好说不若己者。不知其子，视其父；不知其人，视其友；不知其君，视其所使；不识其地，视其草木。故曰：与善人居，如入芝兰之室，久而不闻其香，即与之化矣；与不善人居，如入鲍鱼之肆，久而不闻其臭，亦与之化矣。丹之所藏者赤，漆之所藏者黑。是以君子必慎其所处者焉。'"

这段话出自《孔子家语·六本》中的第4卷。这其中"商也好与贤己者处，赐也好说不若己者"的意思是：子夏喜爱同比自己贤明的人在一起，所以他的道德修养将日有提高；子贡喜欢同才智比不上自己的人相处，因此他的道德修养将日渐丧失。原因何在呢？于是孔子举了一系列比喻，说明交友和环境对人品性的影响，最后以"与善人居，如入芝兰之室，久而不闻其香，即与之化矣"和"与不善人居，如入鲍鱼之肆，久而不闻其臭，亦与之化矣"两个例子进行对比，得出结论"君子必慎其所处"。从此"芝兰之室"就成为良好环境的代名词。

勾践与兰

"卧薪尝胆"是众所周知的一个历史故事，吴王夫差是故事中的主要人物之一。相传，他与兰花有着不解之缘。

史料记载，吴王夫差是不惜人力财力造宫苑之人，他在自己的住所里造了很多的亭、台、楼、阁，仅姑苏城内就有宫苑30余处，并广求奇花异草、珍禽异兽。勾践为了表示对吴王的"忠心"，不惜建立犬山以畜犬，猎南山白鹿，以献吴王；并在渚山建立兰花基地，以呈吴王。

勾践种兰之地——兰渚山距城25里之南面小山，东临古鉴湖，西背会稽山，确是种兰的好地方。从余姚河姆渡文化层发掘出的陶器可以确定，当时已具备盆栽植物的意识及技术，由此可以明确考证越王勾践在渚山种植兰花的事实。勾践种兰不仅有明确的目的和意图，而且已经有了技术上的保障。

关于勾践在渚山种兰，历史上多有记载，除《宝庆续会稽志》以外，明万历年间的《绍兴府志》记：兰渚山，有草焉，长叶白花，花有国馨，其名曰兰。勾践种兰的故事，明人南逢吉注王十朋《会稽风俗赋》也说：兰亭，即兰渚也。在《越绝书》这本古籍中记载：勾践种兰渚山。《绍兴地志述略》也有记载：兰渚山，在城南二十七里，勾践树兰于此。

由于勾践种兰渚山，后人因而把渚山命名为兰渚山，把兰渚山下的集市命名为花街，并把兰渚山下的驿亭命名为兰亭。

2. 名画与兰

《兰竹图》是清代著名画家郑燮的画作。郑燮号板桥，人称板桥先生。郑燮作画的题材不外乎竹石兰草，这使他比常人有着更多的时间去体悟兰竹之真性、真趣。所以郑氏画竹，瘦而腴，秀而拔；其画兰，多不乱，少不疏，乃至脱尽时习，秀劲绝伦。

《兰竹图》卷中有蒋士铨的题跋："平生爱所南先生及陈古白画兰竹。既又见在涤子画石，或依法皴，或不依法皴，或整或碎，或完或不完。送取意构成石势，然后以兰竹弥缝其间，虽学两家，而笔墨则一气也。"从这一题跋中可知，这幅画取法于郑所南、陈白阳和石涛，却是"取其意之法而成为自成一体"。

《兰竹图》以半幅面作一巨大的倾斜峭壁，有拔地顶天、横空出世之势。峭壁上有数丛幽兰和几株箭竹，在碧空迎风摇曳。整幅画的布局十分严谨，画面石、兰、竹三者组织安排得完美和谐。以石为脉，把一丛丛分散的兰竹有机地统整，显得既严整而又富于变化。三者不分主次，浑然天成。

全图用笔用墨用水，都恰到好处地显示了元气凝结的峭岩体势。浓墨劈兰撇竹，兰叶竹叶偃仰多姿，互为穿插呼应，疏枝劲叶，极为醒目。画作中的石、兰、竹确实有郑所南的峭拔，有陈白阳的潇洒，又有石涛的沉雄秀发，却没有全部效仿。郑燮形成了自己苍劲挺拔、磊落脱俗的独特风格，给人一种清高拔俗、自然天成的趣味，把中国的书法用笔与绘画用笔巧妙地融为一体，达到了神形兼备的效果。

3. 名曲与兰

歌曲《兰花草》原先是胡适早年写的一首诗，题目是"希望"。

胡适曾经担任北京大学的校长。

1921 年夏天胡适到西山去，友人熊秉三夫妇送给他一盆兰花草，他欢欢喜喜地带回家，读书写作之余精心照看，但直到秋天，也没有开出花来，于是他有感而发写了这首小诗。

我从山中来，带得兰花草，种在小园中，希望开花好。

一日看三回，望得花时过，急坏看花人，苞也无一个。

眼见秋天到，移花供在家，明年春风回，祝汝满盆花。

"希望"原本是一个较抽象的概念，用开花来比喻，就变成可以感触得到的具体形象了。兰花本是野生植物，从山中移入园中，有更好的照料，开花应是有希望的，于是殷切地期待，"一日看三回"竭力写望之殷、期之切。然而一直望到花时过，仍不见花开。

秋风萧瑟，花在园中恐受风霜之害，于是移供在家。这是对花的爱护，也是对希望的坚持。冬天无望，于是寄希望于春风："明年春风回，祝汝满盆花。"年年都有春天，可见希望是不会泯灭的。

后来，这首诗被陈贤德和张弼二人修改，并配上曲子，同时改名为"兰花草"，从而广为传唱。

（三）赏读经典作品

1. 名诗写兰

古风·孤兰生幽园

【唐】李白

孤兰生幽园，众草共芜没。

虽照阳春晖，复悲高秋月。

飞霜早淅沥，绿艳恐休歇。

若无清风吹，香气为谁发。

2. 名著写兰

兰蕙小史（节选）

荷花水仙之冠。清嘉庆初，为嘉善胡少敏植，富阳娄出；就姑苏花会，咸以大一品呼之，遂名。时富商同怡庭以三千金易，不许，明年仍归周。

叶阔而环，蕊形小三并，软蚕蛾捧注，大如意舌，花光淡绿，气宇轩昂。真黄山谷所谓有士大夫概者也。

3. 成语写兰

蕙心兰质　采兰赠药　吹气胜兰　春兰秋菊　芳兰竟体　桂殿兰宫
桂馥兰香　金兰之契　兰薰桂馥　兰摧玉折　兰芝常生　澧兰沅芷

（四）采撷生活精粹

1. 兰与生活

兰花盆景

人们常说居室中"无兰不雅"，这是对兰花给人一种高雅、清幽情韵的赞誉。

的确，兰花的魅力是无穷的。如何欣赏、品味兰花，是兰界经常探讨的话题。当前，国内外有关兰花的书籍、杂志，鉴赏兰花的话题包括很多方面。

一是探讨兰花的类别、品种，包括种植的技巧、方法；二是从兰花的香、色、姿、形来谈兰花的美感、神韵、风格；三是从历史、文化、艺术的角度，从诗词、曲赋、绘画、音乐以及儒家、道家、佛家等方面谈兰花对社会文化的影响；四是从达官贵人、文人骚客、商人小贩、黎民百姓喜欢兰花的角度来谈社会经济价值；等等。

从一个完整的艺术角度来欣赏兰花，才能较为客观、全面地表现出兰花的美感和魅力，才是对兰花一种较高水平的欣赏。兰花上盆之后就是一个盆景，而从盆景的角度来欣赏，中国传统讲究"一景、二盆、三几架"，三者缺一不可。

2. 兰与艺术

兰花指

兰花指，现通常指大拇指和中指捏合、其余三指展开的手势。作为中国舞蹈以及戏曲中特有的一种基本手型，有着独特的传统审美特征，具有中国人特有的审美取向和文化心理趋向。

兰花，素有花中君子的美誉，所以兰花指又名君子指。在古代，翘兰花指其实是男人的专利，是他们显示男子气概的标志，西坡曾写道："日翘兰花三百遍，不辞长作大男人。"后来逐步发展为中国戏剧旦角常用指式和女士们的专利了。

兰花一般花开五瓣，三瓣外放，二瓣内抱。人的手刚好也是五指，葱葱玉手尖尖五指，正确指法是：大拇指轻轻扣压中指第一节侧面，食指自然伸直，无名指与小指微翘，手指的形状好像一朵兰花。

七、"竹"文化

我国劳动人民在长期的生产实践和文化活动中，根据竹子的形态特征，总结成了做人的精神风貌，其内涵已成为中华民族品格、禀赋和精神的象征。看到竹子，人们自然想到它不畏逆境、不惧艰辛、中通外直、坚韧不屈的品格，这是一种取之不尽的精神财富，也正是竹子特有的审美价值。

让我们一起走进别具一格的"竹"文化吧！

（一）追溯文化起源

在中国古代神话、传说中，有许多关于竹子的介绍，确切记载源于仰韶文化。1954年，在西安半坡村发掘了距今约 6000 年的仰韶文化遗址，其中出土的陶器上可辨认出"竹"字符号，说明在此之前，竹子已为人们所研究和利用，即其历史可追溯到五六千年前的新石器时代。

在有 7000 年悠久历史的浙江余姚河姆渡遗址，也发现了竹子的实物。

由此可见，早在原始社会时期，竹子和人们的生活就有了密切关系。竹子很早已为人所用，人们还为其创造相应的文字符号来表示。

故事链接：

湘妃竹

湘妃竹即"斑竹"，亦称"泪竹"。相传尧舜时代，湖南九嶷（yí）山上有九条恶龙，经常到湘江来戏水玩乐，以致洪水暴涨，庄稼被冲毁，房屋被冲塌，老百姓叫苦不迭，怨声载道。舜帝决定去为民除害。

舜帝走了，舜帝的两位妃子——娥皇和女英，待在家里久久盼不到音信，见不到归人。于是，她们决定去寻找丈夫。

翻了一山又一山，涉了一水又一水，她们终于来到了九嶷山。这一天，她们来到了一个名叫三峰石的地方，那儿耸立着三块大石头，翠竹围绕，有一座珍珠贝垒成的高大的坟墓。她们感到惊异，便问附近的乡亲："是谁的坟墓如此壮观美丽？三块大石为何险峻地耸立？"乡亲们含着眼泪告诉她们："这便是舜帝的坟墓，他帮助我们斩除了九条恶龙，人们过上了安乐的生活，可是他却流尽了汗水，淌干了心血，受苦受累病死在这里了。"

原来，舜帝病逝之后，湘江的父老乡亲们为了感激舜帝的厚恩，特地为他修了这座坟墓。九嶷山上的一群仙鹤也为之感动了，它们到南海衔来一颗颗灿烂夺目的珍珠，撒在舜帝的坟墓上，便成了这座珍珠坟墓。三块巨石，是舜帝除灭恶龙用的三齿耙插在地上变成的。

娥皇和女英得知实情后，难过极了，二人抱头痛哭起来。她们悲痛万分，一直哭了九天九夜，把眼睛哭肿了，嗓子哭哑了，眼泪流干了。最后，哭出血泪来，也死在了舜帝墓的旁边。

娥皇和女英的眼泪，洒在九嶷山的竹子上，竹竿上便呈现出点点泪斑，有紫色的，有白色的，还有红色的，这便是"湘妃竹"。

观音竹

凤尾竹又称观音竹，这个名称的来历与观世音菩萨有关。

相传有一年的夏天，蟹龙肆虐，兴风作浪，洪水猛涨，淹没了农田和村舍，淹死了人畜。人们处于深重的困境之中，盼望着上天来保佑。人们的诚意，感动了观世音菩萨，她驾云而来，先从天上放下一口大钟，把蟹龙扣在钟里，打入深潭，让它永世不得作乱。接着，又抛下一根竹子，用竹枝扫去洪水，竹枝入土生根，慢慢变成竹林。竹林能保持水土，保护堤岸，调节气候，使人们免受洪水的危害。

为了铭记观世音菩萨的恩典，人们就把这种竹子称为"观音竹"。

（二）探寻历史印记

1. 名人与竹

王徽之与竹

王徽之生性豪放不羁，不拘小节，唯独喜欢竹子。他听说有个读书人家里有一片好竹林，就前去观赏。主人早就知道王徽之大名，赶紧洒扫屋子，准备了饭菜，在厅里恭候。王徽之来了以后，没和主人打招呼，径直来到竹林边观赏，边看边啸咏。

王徽之就这样吟唱啸咏了许久。主人觉得王徽之冷落了自己，有些失望，不住对自己说，他啸咏完了就会来问候了。没想到的是，王徽之赏够了竹子，招呼也不打就要坐着轿子出门了。主人非常不高兴，命令下人关上大门，不许他们出去。主人的这一举动倒让王徽之很欣赏，马上下轿，和主人一起喝酒去了。

还有一次，王徽之临时借别人的房子住，刚安顿下来，他就让仆人在院子里种竹子。仆人说就住那么几天，何必麻烦。王徽之又是啸咏了良久，然后指着竹子说："何可一日无此君！"

方志敏与竹

在中国革命史中，先辈们以竹题诗作画也很多，其中以方志敏烈士最为典型，他写过一副对联，挂在自己的卧室中勉励自己："心有三爱，奇书骏马佳山水；园栽四物，青松翠竹白梅兰。"甚至他的儿女也以松、竹、梅、兰取名，足见竹子在他心中的地位。他在革命的艰难关头，写下了气贯长虹的史诗："雪压竹头低，低下欲沾泥。一轮红日起，依旧与天齐。"

据传这首诗的写作背景是十分特殊的。在我军被敌方围困的时候，方志敏抱着病体，只身冲入敌包围圈，翻山越岭找到了自己的部队，并率队再度突围，但已无法突破封锁线。当时正值隆冬，天寒地冻，大雪封山，战士们衣着单薄，饥寒交迫，而敌军前封后堵，形势万分危急。方志敏从容镇定，指挥部队与敌周旋。当部队经过一片竹林时，方志敏的眼前突然一亮，只见一根根竹子被沉沉的白雪压弯了腰，有的几乎弯到了地面，但依然默默地承受着。方志敏见此，顿生感触，随即用竹枝在雪地上写下这首诗来。

读着这首诗，当时的悲壮情景立刻展现在我们眼前：厚厚的冰雪，压得竹子喘不过气来；竹子只得低下了倔强的枝头，低得快要触到地面了，但仍不肯倒下，一直坚持到迷雾消散，红日东升，冰雪融化，竹子重新又挺直了腰杆，峭然屹立，气冲霄汉……

2. 名著与竹

《诗经》与竹

《诗经》是我国第一部诗歌总集，编成于春秋时期，包括"风""雅""颂"3个部分。其中就有大量涉及竹子的诗。

竹竿，以钓于淇。岂不尔思？远莫致之。 ——《卫风·竹竿》（节选）

3. 名画与竹

苏轼的《墨竹图》

宋代墨竹之风大兴，画竹名家层出不穷。大诗人苏轼是画竹的艺术大师，他的儿子苏过是画竹名手，他的挚友文与可也是画竹的大家，在画竹方面有高超的技艺。

苏东坡关于"胸有成竹"的绘画理论，为千古墨竹画家所崇尚，被传统绘画创作所遵循，他画的竹子具有潇洒而秀丽的姿态，仿佛风吹来便能动起来，充分体现了他堪称一绝的画竹技艺。

郑板桥的《题画竹》

郑板桥，名燮，字克柔，号板桥，清代著名书画家、文学家，"扬州八怪"之一，其诗、书、画的独特风格和杰出成就，对后世产生了很大影响，史称板桥有三绝：曰画，曰诗，曰书。

"扬州八怪"为画竹开创了前所未有的局面，作为代表人物的郑板桥，一生画竹最多，不仅留有许多绝妙的翠竹图，还留下了《题画竹六十九则》。

（三）赏读经典作品

1. 名诗写竹

题　　画

【清】郑板桥

一竹一兰一石，有节有香有骨，满堂皆君子之风，万古对青苍翠色。

有兰有竹有石，有节有香有骨，任他逆风严霜，自有春风消息。

2. 成语写竹

哀丝豪竹	成竹在胸	抱鸡养竹	尺竹伍符	吹竹弹丝	丝竹管弦
吹竹调丝	垂名竹帛	刀过竹解	东南竹箭	金石丝竹	调丝弄竹
鸠车竹马	茂林修竹	名垂竹帛	品竹弹丝	破竹建瓴	弹丝品竹
破竹之势	青梅竹马	罄竹难穷	罄竹难书	竹报平安	势如破竹

（四）采撷生活精粹

1. 竹与建筑

竹子用于建筑的历史相当久远。早在远古时代，人类在从巢居和穴居向房居演进的过程中，竹子就发挥了重要的作用。在今苏州境内草鞋山遗址内，考古学家发现有用竹做建筑的材料。此外，汉代的甘象宫竹宫、宋代的黄冈竹楼，都是用竹子建造的，并负有盛名。

傣族竹楼

傣族地处亚热带，至今还保留着祖先"多起竹楼，傍水而居"的习惯。竹楼是傣族人民因地制宜创造的一种特殊形式的民居，为干栏式二层建筑，全用竹子建造。柱、梁和屋架结构用粗竹，围墙用竹片编织，剖开的竹子压平做楼板，门、窗也用竹子制作，屋顶盖茅草或葵叶编的草排。

2. 竹与生活

考古证明，旧石器时代晚期和新石器时代早期，古代先民们就已开始制造竹器。

南方良渚文化遗址发掘了大量印有竹器纹饰的陶器，浙江吴兴钱山漾遗址也发掘出200余件竹器。

到春秋战国时代，竹器手工业已成为当时社会的一个重要的生产部门，竹制品已成为当时广大民众生活中不可缺少的物品。

竹对中国人的服饰起源和发展起着重要作用。秦汉时期，人们就用竹制布，取竹制冠，用竹做竹鞋、竹签、竹伞，一直沿用至今。竹布在唐代曾是岭南地区一些州县的重要贡品之一。

汉代有竹器生活物品60余种，晋代有100多种，唐宋时有近200种，到明清时期达250余种。人们生活中所使用的炊具、家具、算具、量具、照明用具、卫生用具、装饰用具、把玩用具等，均可以用竹为材料进行制作。

从食用方面看，竹笋和竹荪是极受人们喜爱的美味山珍，竹确实是历代救荒的重要作物原料。先秦文献中记载，3000多年前的竹笋已是席上珍馐。竹笋的食用方法多种多样，可用于烹饪数千种美味佳食。

3. 竹与交通

竹，在交通方面也发挥了重要作用。古代交通工具、设施的起源与发展，均与竹子有着极为密切的关系。古代人们用竹制造竹车、竹筏、船以及桥梁，创造了人类交通史上的许多第一。

竹结构桥梁是绿色环保建筑，建设速度快，十分适用于自然保护区和农村。耒阳阳竹桥由湖南大学土木工程学院肖岩教授领衔设计，于 2007 年建成。2008 年 11 月 10 日被美国著名科技杂志《科技新时代》授予 2008 年度最佳工程创新奖。这是我国继 "水立方" 项目获此殊荣后，又一个获得该奖的项目。

八、"菊" 文化

菊花是我国人民喜爱的传统名花。历代人们爱菊赏菊，留下了丰富的赞菊诗、词、歌、赋，不仅赞其实用和姿态美，更喜爱其不畏寒霜的特性。古人爱菊、画菊、咏菊，借菊花抒发自己的思想感情，借物抒情，借物言志，而使菊花这种植物具有了人们情志的色彩。正是由于他们赋予菊花以崇高的象征意义，从而使菊花升华到它的文化性，具有一定的思想内容、感情色彩的文化观念，已成为中华民族文化不可分割的一部分。许多源自古代的风俗习惯也在现代生活中被赋予了新的内容，成为人们丰富生活、旅游观光的有趣项目，而作为一种花卉，菊花的赏心悦目也牵住了人们爱美的视线。

（一） 追溯文化起源

1. 资料链接

《礼记·月令》篇中有这样的记载："季秋之月，鞠（菊）有黄华。"它的意思是说，菊花开放的时间是每年秋天的秋末，九月，所以菊花也叫"秋花"。菊花的"菊"字，在古代是作"穷"字讲，是说一年之中花事到此结束，菊花的名字就是按照它的花期来确定的。因为九月是阳，所以菊花表示九月九日重阳节这个意思，后来"重阳节"赏菊这个习惯由此而产生。"菊"字也写作"鞠"。

"鞠"是"掬"的本字。"掬"就是两手捧一把米的形象。菊花的头状花序生得十分紧凑，活像抱着一个团儿似的。人们发现菊花花瓣紧凑团结一气的特点，所以叫作"菊"。

2. 故事链接

兴城海口有座菊花女像，距海口十多海里有个菊花岛，菊花女眼望着菊花岛的方向，似懂事的女儿眺望远方的爹娘。

传说，在没有菊花岛的时候，渤海里住着龙王三太子，他异常凶恶，不仅兴风作浪祸害人，每月还要吃一个童男童女，每年还要一个十七八岁的姑娘做老婆。人们没有办法对付三太子，只好搬家躲灾。

那年，一个叫菊花的姑娘主动提出和三太子成婚。三太子一见到这个眼如星、腮如霞的姑娘，恨不得赶快成婚。不过三太子精得很，菊花入宫前，他先叫宫女搜了她的身子，凡是容易出危险的东西，全部扣下来，菊花完全照办了。

进洞房喝交杯酒时，宫女望着宫墙根往年新娘的遗骨，替菊花担心。可菊花就像没看见一样，笑呵呵地一次又一次给三太子斟酒。不一会儿，三太子就醉得人事不知躺在床上了。宫女走后，菊花关好门，杀死了三太子。

之后菊花乔装打扮，打开门，跟着贺喜的客人出了龙宫，踏着水向北走，走到现在的菊花岛位置时，后边浪声震天响。原来巡海夜叉发现三太子死了，鼓浪来追，菊花想，再跑下去，不但自己跑不掉，岸上三百里内的一切也得卷下海，她一横心，撞死在礁石上。菊花的尸体一倒，海底一声惊雷，变成了海岛，挡住了夜叉掀起的巨浪。

菊花死后的第二天早晨，人们发现有个新岛出现在海面，次年春天，岛上开满了菊花，从此再也不见三太子来作恶了，大家这才明白发生了什么事，人们就为这个岛起名为菊花岛，在岸上立了一座石像来纪念。

（二）探寻历史印记

1. 名人与菊

屈原与菊

爱国诗人屈原，在他的抒情长诗《离骚》中，写下了"朝饮木兰之坠露兮，夕餐秋菊之落英""春兰兮秋菊，长无终兮终在"的咏菊佳句，流露了诗人的爱菊之情。

陶渊明与菊

晋代陶渊明爱菊近痴，常常是"采菊东篱下，悠然见南山"，在"秋菊有佳色"的环境里怡然自得。自从陶渊明赞菊之后，菊花被人们称为"花中隐士"，而他自己则被后人冠之为菊花花神。

2. 名著与菊

明代著名药物学家李时珍在《本草纲目》卷十五《草之菊》，引《颂曰》："南阳（时辖麻城）菊亦有两种，白菊叶大如艾叶，茎青根细，花白蕊黄；其黄菊叶似茼蒿，花蕊都黄。今服饵家多用白者。又有一种开小花，花瓣下如小珠子，谓之珠子菊，云入药亦佳。"这里所说的"又一种"的菊花，即麻城至今仍在大量种植的药用小白菊。这里所说的

"甘菊"就是麻城北部菊农们俗称的"红心大白菊",也就是现在的"福白菊"。

（三）赏读经典作品

1. 名诗写菊

菊　花

【唐】元稹

秋丛绕舍似陶家,遍绕篱边日渐斜。

不是花中偏爱菊,此花开尽更无花。

2. 成语写菊

菊老荷枯　持鳌封菊　松菊延年　春兰秋菊

（四）采撷生活精粹

1. 菊与饮食

古人认为,菊花"服之者长寿,食之者通神"(晋傅玄《菊赋》),"久服利血气,轻身、耐老、延年",故而菊花被誉为"长寿花""延龄客"。

我国食用菊花的历史十分悠久,早在战国时期爱国诗人屈原就有"朝饮木兰之坠露兮,夕餐秋菊之落英"的吟咏。"东篱同坐尝花筵,一片琼霜入口鲜"的诗句,正是写食菊的乐趣。郑所南的"道人四季花为粮,骨生灵气身吐香。闻到菊花大欢喜,拍手笑歌频癫狂"写出了宋代食菊之盛。

文人雅士常以菊代茶,并赋诗吟诵。菊花可以酿酒,制茶作为饮料,菊苗可以做菜食用,所以菊花自古以来深受人们的欢迎。

宋代《全芳备祖》对这方面的记述就非常详尽和深刻,菊花"所以贵者,苗可以菜,花可以药,囊可枕,酿可以饮。所以高人隐士篱落畦圃之间,不可一日无此花也"。

2. 菊与儒道

2000多年以来,中国的士大夫阶级,深受儒道思想的影响,文人多怀有一种"穷则独善其身,达则兼济天下"的思想。然而在封建社会,正直高洁的文人是难有作为的,正所谓自古文人多磨难。所以,古代怀才不遇或不愿同流合污的贤人君子,经常借梅兰竹菊来自喻本身的高风亮节和思想感情。

中国的文人墨客对菊花更是另眼相看,认为菊花艳在深秋,傲霜怒放,具有不畏强暴、傲然不屈的高尚品格。同时,它开在百花凋零之后,不与群芳争艳,又显示出了恬淡自处、淡泊清华、自强不息、不趋炎附势、不媚权贵的高风亮节。这虽然是其自身的本性使然，但更要归功于历代的文人墨客、隐逸君子的赏识推崇。久而久之，人们由菊花中感悟到的这种品格，成为人们的共识，并进而提炼升华为一种精神，成为深厚的中华民族文化精神的重要内容。

3. 菊与节日

农历九月初九为传统的重阳节。正是一年的金秋时节，菊花盛开，重阳节的菊花习俗的表现形式是多种多样的，观赏菊花和饮菊花酒是庆祝重阳节的两项主要活动。

据传，赏菊及饮菊花酒起源于晋朝大诗人陶渊明。陶渊明以隐居出名，以诗出名，以酒出名，也以爱菊出名，后人效之，遂有重阳赏菊之俗。到了唐代，重阳被正式定为民间的节日。北宋京师开封，重阳赏菊之风盛行，当时的菊花就有很多品种，千姿百态。

民间还把农历九月称为"菊月"，在菊花傲霜怒放的重阳节里，观赏菊花成了节日的一项重要内容。由于菊花斗寒的独特品性，所以使得菊花成为生命力的象征。在古人那里，菊花有着不寻常的文化意义，认为它是"延龄客""不老草"，可使人老而弥坚。

菊花盛开在重阳，意为"久久"。于是，菊花成了吉祥、长寿的象征，纳入了中华民族敬老尊老爱老的民族精神的范畴。重阳节也成了敬老节。所以，重阳赏菊，也就蕴含了敬老爱老的寓意。

第二节　小学语文教育与传统美德教育

传统美德的内容包括"修己、慎独、仁、爱、礼、孝、悌、忠、恕、恭、宽、信、敏、慧、温、良、俭、让、诚、敬、慈、刚、毅、直、克己、中庸"等，可谓博大精深，涉及社会生活的各个领域。这些从 5000 年之前就开始流传，有不少先人的美德故事被传为佳话。传统的文化，与中华儿女的美德相融合，是优良民族精神、崇高民族气节、高尚民族情感、良好民族礼仪的总和，也正是我们民族精神的精髓。

让传统美德在 21 世纪发扬光大，是我们每一位人民教师所肩负的历史使命，正是这些中华民族的传统美德在现实社会中体现着发挥着积极的作用，从而对中国社会的稳定，以及民族的团结起到了极为重要的作用。我们要善于挖掘传统文化对我们教育起着至关重要的素材，从培养孩子们的健全人格抓起，为年青一代培养优良的品行、淳朴大方的风度，重现我国道德文化的光芒。

一、运用美德格言感化学生

语文教材中许多关于传统美德的格言是对学生进行人格培养很有利的实据。如："己所不欲，勿施于人""老吾老以及人之老，幼吾幼以及人之幼"的宽广情怀和爱洒人间的社会风尚，使中华民族这个大家庭中充满了浓烈的人情味和生活情趣，都体现了中华民族的美好情操，谦和好礼亦成为中国人立身处世的重要美德。"先天下之忧而忧，后天下之乐而乐""天下兴亡，匹夫有责"则是要我们树立起先公后私，个人私利服从社会公利的精神，充分体现了中华民族以天下为己任的高尚情操。"士不可以不弘毅""富贵不能淫，贫贱不能移，威武不能屈"，这些都是以坚毅、勇毅、刚毅为基础和前提的。勇毅和力行是分不开的，只有知行合一，才能够成圣成仁。人格的完美，社会的进步，重心不在于知和言，而在于行。正是这种勇毅力行的美德，形成了中华民族刚健有为、自强不息的民族精神风貌。

再如：司马迁的"人固有一死，或重于泰山，或轻于鸿毛"，曹植的"捐躯赴国难，视死忽如归"，诸葛亮的"非淡泊无以明志，非宁静无以致远"，苏轼的"古之立大事者，不惟有超世之才，亦必有坚忍不拔之志"，陆游的"位卑未敢忘忧国"，《周易》中的"天行健，君子以自强不息"。这些读起来掷地有声的铿锵豪语，相信不但是我们的孩子，就连我们也会在深深感动之余奋起而勃发无限动力。

二、精心选择适当的"激情点"

小学语文课本中包含300多篇文章，大多蕴含着进行传统美德教育的丰富材料，如：爱国、尊师、敬老、勤俭、公而忘私等。只是由于学生生活的感悟能力有欠缺，不易发现而已，做教师的只要在课堂教学中善于抓住每篇课文的"激情点"，善于将传统美德教育渗透在课本之中，对学生进行情感引导，减少正面的"大道理"说教，就能将传统美德教育实施于潜移默化之中，从而培养起学生健全的人格。

人教版语文教材中的课文如《飞夺泸定桥》《七根火柴》《马背上的小红军》等课文都是讲述红军长征中的感人故事，个个生动鲜活的英雄形象和可歌可泣的英雄事迹，无不感动着孩子们幼小的心灵，作为教师如果可以引导学生细细感悟静静品味，孩子们定能从中汲取榜样的力量，为自己健全的人格培养打下坚实的基础。再如西南师范大学版语文教材中的《中华星》《骄傲吧，祖国》《激动人心的时刻》等，歌颂的都是那种伟大的爱国情怀，一篇饱含深情的文章，老师要善于抓住契机，不但要让孩子领会作者的思想感情，更要用这种感情来净化孩子们的思想境界，在引导学生深刻体会文章的思想感情的同时，使之受到感染，进而对学生进行健全人格的教育。

三、运用名人故事感动学生

许多历史名人也无时无刻不在感动着我们，他们献身于国家、民族，特别是当国家民族处于危急存亡之际，更是不惜以身殉国。在中国历史上曾出现过许多著名的爱国主义者和民族英雄，如屈原"眷顾楚国"，自沉汨罗；陆游"位卑未敢忘忧国"；岳飞"精忠报国"；文天祥慷慨就义，"留取丹心照汗青"等，都是一幕幕可歌可泣的爱国主义故事，体现了中国人强烈的精忠爱国精神。还有什么比这震撼人心的实例对我们孩子的人格培养起着无与伦比的作用呢？

还有"刻苦学习"的传统故事——铁杵磨针、匡衡幼年凿壁引光苦读等都能激励学生勤奋读书；而东汉黄香的故事和"子路借米"更体现孝敬父母的中华传统美德。把这些故事讲给孩子们听，我想会比上百次的说教更有效果吧。

再如：我们的孔子、老子、墨子、庄子、孟子等，用他们自身的仁爱、成就、豁达、为人等故事来对我们的孩子进行教育，还有什么是孩子们所不能学习和接受的呢？

中华民族的传统美德，涵盖了人与自身、人与他人、人与社会三方面。作为中国古代道德文明的精华，在中国社会的发展中起到巨大的作用，而且，现代中国的道德文明建设，必定要从中华传统美德中汲取基本的精神力量。

我相信把握和运用好这个强有力的武器对今天我们孩子健全人格的培养将会收到意想不到的成效。

第三节　小学语文教育与爱国主义传统教育

中国共产党在领导中国人民进行民主革命、社会主义革命和建设的长期斗争实践中形成了光荣的优良革命传统。这种革命传统，是指革命志士以及广大人民群众为民族解放事业英勇奋斗、坚韧不拔的革命精神和革命人格。

对小学生进行革命传统教育，就是要教育他们学习革命先辈的革命精神，从小培养他们全心全意为人民服务的思想，实事求是的科学态度，艰苦创业的奋斗精神，这也是社会主义核心价值观教育的重要内容。《义务教育语文课程标准（2011年版）》指出："语文课程丰富的人文内涵对学生精神世界的影响是广泛而深刻的，学生对语文材料的感受和理解又往往是多元的。因此，应该重视语文课程对学生思想情感所起的熏陶感染作用，注意课程内容的价值取向，要继承和发扬中华优秀文化传统和革命传统，体现社会主义核心价值体系的引领作用，突出中国特色社会主义共同理想，弘扬以爱国主义为核心的民族精神和以改革创新为核心的时代精神，树立社会主义荣辱观，培养良好思想道德风尚。"由此可见，对小学生进行爱国主义传统教育也是我们语文学科的重要内容。

小学生正处在身心快速成长的阶段。这一阶段，他们的知识、智慧在快速增长，其道德品质与世界观正在逐步形成。中共中央办公厅印发的《关于培育和践行社会主义核心价值观的意见》中指出："培育和践行社会主义核心价值观，是推进中国特色社会主义伟大事业、实现中华民族伟大复兴中国梦的战略任务。""培育和践行社会主义核心价值观要从小抓起、从学校抓起。"作为教育工作者，我们理应把握学生成长的这一关键，在小学语文学科教学中融入社会主义核心价值观的教育。

在小学语文教科书中有许多描写近现代以及当代的革命先辈们坚持革命理想和信仰的故事。他们在国家民族大义面前，忠贞不屈，至死不渝；在艰苦的条件和巨大的困难面前，互相关心爱护，甘于奉献；在敌人面前，临危不惧、机智勇敢；在工作面前，坚守岗位，认真负责。这些革命精神对学生来说，是一笔宝贵的精神财富。只有继承了革命传统，才能更加自信地担当责任、面向未来。在小学语文教学中，我们要充分把握文本内核，根据小学生年龄特点及认知规律，找准社会主义核心价值观教育的着力点，采用灵活多样的教学方法，将社会主义核心价值观教育潜移默化地融入小学语文教学的全过程。

一、忠贞爱国坚持信仰

爱国是社会主义核心价值观的基本要义，是人生观、价值观的基石，是一个公民的应有的道德素养。《未成年人思想道德建设实施纲要》中倡导，我们要引导学生发扬爱国主义精神，提高民族自尊心、自信心和自豪感，以热爱祖国、报效人民为最大光荣。爱国精神是我们民族的优良传统。在中国革命的各个历史时期，都有这样一大批的仁人志士，他们有理想、有信念，在风雨如磐的岁月里，他们面对帝国主义、封建主义、官僚资本主义的统治和压迫，忠贞爱国之心始终如一，对共产主义的坚定信仰矢志不渝，甚至牺牲自己的生命也在所不惜。

人教版《语文》教科书四年级下册《为中华之崛起而读书》中目睹国人遭受列强凌辱而愤然立志为中华之崛起而读书的周恩来，六年级下册《十六年前的回忆》中的即使牺牲生命也宁死不屈的共产主义战士李大钊等，都是我们学习的好榜样。在教学中，需引导学生向革命先辈学习，从小心怀理想，志存高远，热爱自己的祖国和人民，立志投身于建设中国特色社会主义的伟大事业。

在教学中，可补充一些与文本相关的历史背景资料，让学生了解这些革命先辈身处的社会环境，以加深他们对这些革命先辈为何能够始终不渝地忠贞爱国、坚持信仰的理解，激发他们从小树立忠于祖国、忠于信仰的正确观念。

二、坚守建设爱国奉献

"空谈误国，实干兴邦。"要实现中华民族伟大复兴的中国梦，不能只是坐而论道，更不能只是一味等待。中国要建设得更加繁荣富强，要自信地屹立于世界民族之林，必须依靠每位公民的积极实践与奉献。无论是在饱受列强欺侮的战争年代，还是在社会主义和平建设年代，都有许许多多杰出的知识分子和优秀的工程技术人员，他们满怀对祖国的一腔挚爱，不计个人名利及得失，为建设祖国呕心沥血，无私奉献着他们的智慧、青春和汗水。正因为有了他们这些无私奉献的建设者，我们的祖国才能够日益强大。因此，坚守建设、无私奉献对于当下弘扬社会主义核心价值观有着非常重要的意义。

人教版《语文》教科书中有许多这样的课文，如五年级下册《白杨》《把铁路修到拉萨去》、六年级上册《詹天佑》等，我们应当在教学中引导学生悉心品味，使学生受到优秀革命传统的教育与熏陶，从而树立正确的人生观、价值观，将来能像怀报国之心的卓越建设者们一样，积极投身于实现中华民族复兴的伟大实践中去。

第四节　小学语文教育与传统的人生观、价值观

文化是民族的血脉，是人民的精神家园。中华文明历史源远流长、内涵丰富，具有独一无二的理念、智慧和神韵。5000 年的中华文明孕育了内涵丰富而又隽永深刻的中华优秀传统文化，其中积淀着我们中华民族最深沉的精神追求，体现着我们中华民族的世界观、人生观和价值观等，是中华民族最基本的文化基因，是所有中华儿女独特的精神标识，是中华民族的"根"和"魂"。坚守中华文化立场，传承中华文化基因，构建中华优秀传统文化继承体系是我们当前的紧迫任务之一。小学教育阶段作为我国义务教育的基础阶段，是学生逐步树立正确的世界观、人生观和价值观，并逐步形成良好个性和健全人格的重要阶段。因此，在小学语文教育中融入中华优秀传统文化，对弘扬民族精神、增强民族凝聚力和创造力至关重要。

一、党和国家高度重视中华优秀传统文化的传承和教育

党的十八大以来，党和国家高度重视中华优秀传统文化的传承、发展和教育。中共中央办公厅、国务院办公厅、教育部先后印发了《关于实施中华优秀传统文化传承发展工程的意见》《完善中华优秀传统文化教育指导纲要》《中小学综合实践活动课程指导纲要》等指导性文件。这些文件的出台，无不反映出党和国家对传承和发扬中华优秀传统文化的重视。

其中《完善中华优秀传统文化教育指导纲要》强调，要在基础教育阶段加强和做好中华优秀传统文化继承和教育，分学段有序推进中华优秀传统文化教育和传承，进一步引导学生更加全面准确地认识中华民族的历史传统、文化积淀、基本国情，进一步培育学生对中华优秀传统文化发自内心的亲切感，提高学生对中华优秀传统文化的理解力和感受力，充分了解中华优秀传统文化的丰富多彩。

《关于实施中华优秀传统文化传承发展工程的意见》中明确提出，要围绕立德树人根本任务，遵循学生认知规律和教育教学规律，把中华优秀传统文化贯穿和融入国民教育始终，把中华优秀传统文化全方位融入思想道德教育、文化知识教育和社会实践教育等各环节。

《中小学综合实践活动课程指导纲要》明确要求，通过策划并组织学生感兴趣的综合实践活动，开展中华优秀传统文化专题教育，让广大学生通过亲历感悟、实践体验、行动反思等方式，进一步感知中华优秀传统文化。因此，将中华优秀传统文化融入小学教育是符合国家基础教育改革需要的，也是大势所趋的必然选择。

二、中华优秀传统文化在我国小学语文教育中的重要作用

（一）能够进一步提高和培育学生的感受力

中华优秀传统文化内涵博大精深、隽永深刻，是中华民族的突出优势和最深厚的文化软实力，是中华民族独特的精神标识。在小学教育阶段的语文教育中，通过习文识字可以让学生感受汉字独特的结构美和形体美；通过诵读古代诗文经典篇目，体会其意境和情感，可以让学生获得丰富的情感体验，充分感受汉语语言的优美；通过学习了解传统礼仪、传统节日的文化内涵，学会待人接物的基本礼节，可以引导和教育学生践行孝、悌、礼、敬、勤、俭等传统文化精髓，养成孝亲悌友、礼貌待人等生活礼仪，养成勤奋好学、俭朴奉献、言行一致等行为规范。因此，在小学语文教育中加强中华优秀传统文化的教育

和引导，可以充分培养学生对中华优秀传统文化的亲切感，提高感受力，培养学生亲近中华优秀传统文化的热忱，进一步增强文化自信。

（二）能够进一步提高学生的中华人文精神

中华优秀传统文化积淀着多样、珍贵的精神财富，蕴含着丰富的中华人文精神，如文以载道、以文化人的教化思想，求同存异、和而不同的处世方法，以及俭约自守、中正平和的生活理念，形神兼备、情景交融的美学追求，这些都是影响中华民族的精神基因。在小学语文教育中融入中华优秀传统文化，通过古诗文、经典文学的学习，引导学生深入体会和领悟中华人文精神，潜移默化、润物无声地影响并逐步改变他们的心灵、人格、意志、情感，逐步培养他们坚强的性格、积极向上向善的生活态度。

（三）能够进一步引导学生传承中华传统美德

随着我国对外开放日益扩大，西方各种社会文化思潮大量涌入，我国教育文化受到国际多元文化的影响，在学生中一定程度上出现了以洋为美、以洋为尊的现象，孝顺父母、尊老爱幼、扶危济困等中华优秀美德正在逐渐流失。中国优秀传统文化蕴含丰富，蕴含着仁义礼智信"五常"、孝悌忠信礼义廉耻"八德"，蕴含着天下兴亡、匹夫有责和苟利国家生死以、岂因祸福避趋之的担当意识，精忠报国的爱国情怀，崇德向善的社会风尚，也蕴含着自强不息、勤俭节约、敬业乐群、尊亲悌友、扶危济困和见义勇为等美德。少年兴则国兴，少年强则国强。学习和掌握中华优秀传统文化中的精粹，对学生树立正确健康的世界观、人生观、价值观很有益处。因此，在小学语文教育融入和传承中华优秀传统文化精髓，能够教育和引导学生形成正确的人生观和价值观，继承和发扬中华优秀传统美德。

三、中华优秀传统文化融入小学语文教育策略

（一）将传统蒙学经典融入小学语文教学内容

我国古代历来十分重视青少年的启蒙教育，形成了比较完备的蒙学教育体系，如《三字经》《百家姓》《千字文》《笠翁对韵》《弟子规》《童蒙须知》《增广贤文》等。这些蒙学传统经典朗朗上口、易诵易记，简单易懂、蕴含丰富哲理，非常适合青少年的生理特点和成长发展的规律。将中华传统蒙学经典的精华融入小学语文教学内容中，对青少年的文学素养的提高和中华优秀传统文化的传承具有重要意义。

如在讲授"孝""悌"文化时，可将《三字经》中"首孝悌，次见闻"，《弟子规》

中"首孝悌、次谨信""兄弟睦，孝在中"以及《增广贤文》中"羊有跪乳之恩，鸦有反哺之义"穿插到小学语文课堂，还可以以"孝敬父母、尊敬兄弟"为主题开展命题作文，引导学生从生活中体会"孝悌文化"，这样既能丰富完善授课内容，又能引导学生形成良好的道德品质，传承中华优秀传统美德。

（二）将中国传统节日文化融入小学语文专题教学

中国传统节日节庆文化是中华民族宝贵的文化精粹和精神财富，蕴含着丰富的文化内涵。将中国传统节日节庆文化与小学语文课程进行融合，开展丰富多样的传统节日文化和民俗专题教学，可以让学生充分亲近并躬身践行，亲身感受中华优秀传统文化的魅力。如在实际教学中可以结合本地民俗特点和生活实际，引导学生在实际践行中体味和感受中华优秀传统文化的内蕴。

例如在讲授课文《元宵节》时，可以同时开展"猜灯谜""编灯谜""看春联"等主题活动。在学习王安石《元日》这首诗时，可以将传统的春节文化给学生进行渗透讲解。还可以在传统节日前后，开展专题习作，并以黑板报、讲故事、演讲等形式交流，还可以组织吟诗词、看龙舟比赛、吃粽子等主题课程或活动，让学生在浓厚的节日氛围中，在实践体验过程中感受本地特有的传统文化和风俗民情。中国传统节日节庆活动形式多种多样、内容丰富多彩，将节日节庆文化融入小学语文教学课堂，不仅能活跃并丰富语文课堂，达到综合性学习统筹提高学生口语交际和思维能力的目的，还能够让学生在实践中真切感知中华优秀传统文化精髓，并汲取其中的智慧，提高自身文化修养。

（三）将传统农耕文化融入小学语文课外活动

中华农耕文化是中华文化的重要组成部分，它是在长期的农业生产中形成的风俗文化，包含着农事节气、节庆活动、民间艺术、祖传家训、乡风民俗等内容。将中华农耕文化融入小学语文课外活动之中，充分利用课外活动的实践性和趣味性的特征，让学生在亲身实践中体验中华优秀传统文化。

例如，我国农谚中就有"二月惊蛰又春分，种树施肥耕地深""芒种芒种，连收带种"等记载。在"节气歌"的学习中，除了要求学生阅读背诵外，可以结合农谚进一步解释"节气歌"中所说的二十四节气与农业生产的关系等内容，使学生对农耕文化有比较直观的了解。同时也可以组织立春日"迎春踏青"、春分日"植树"、秋分日"采摘"等课外活动，让学生以课外活动为媒介去亲身实践、体验、享受农耕文化的乐趣，传承中华农耕文明和优秀传统文化。也可以利用暑假开展"家乡民间艺术、祖传家训及乡风民俗"

调研实践活动，引导学生了解家乡礼俗、民俗、习惯和风俗，让学生充分感受家乡文化的内涵，在实践活动中弘扬和传承中华优秀传统文化。

四、结语

综上，中华优秀传统文化是中华民族的文化基因和精神血脉，是中华民族的"根"和"魂"，体现着中华民族独特的创造力和思维方式。

学生是中华民族的希望，是传承和弘扬中华优秀传统文化的生力军。将中华优秀传统文化与小学语文教育相融合，通过对学生进行潜移默化的影响，可以让他们了解并喜欢中华优秀传统文化，让中华优秀传统文化融入他们的生活中、血液里，让他们成为富有民族自信心和爱国主义精神的社会主义事业建设者和接班人。

第三章 传统文化融入小学语文教学的途径与方法

本章从传统文化中的小学语文教学、传统文化中的小学语文文化拓展、传统文化中的小学语文文化经典导读三个方面来阐述传统文化融入小学语文教学的具体途径与方法。

第一节 传统文化中的小学语文教学

一、读经典

（一）私塾史是读经史

传统语文教育的一大特点，就是读经。张鸣说："过去的私塾都要读经，虽然，有的村塾掺杂着教一点跟经不太沾边的日用杂字，但不读经的私塾却是从来没有听说过。""凡是私塾就都要读经，在读经过程中进行文字训练。"① 张鸣所说，是符合传统语文教育实际的。鲁迅先生在《从百草园到三味书屋》中有一段描写："于是大家放开喉咙读一阵书，真是人声鼎沸。有念'仁远乎哉我欲仁斯仁至矣'的，有念'笑人齿缺曰狗窦大开'的，有念'上九潜龙勿用'的，有念'厥土下上上错厥贡苞茅橘柚'的……"学生念的这些句子，分别出自《论语》《幼学琼林》《周易》和《尚书》。

传统语文教育的读经，有悠久的历史。2000 多年前，孔子就以"五经"为教材，此后各个时代也都延续了这一做法。如唐代的韩愈在《答李翊书》中，讲自己初学之时"非三代两汉之书不敢观，非圣人之志不敢存"。这"三代两汉之书"，包括哪些？韩愈的

---

① 张鸣. 大历史的边角料［M］. 西安：陕西人民出版社，2013.

《进学解》，透露了消息。在这篇文章中，韩愈借自己学生之口，说自己所读的书："上规姚姒，浑浑无涯。周《诰》殷《盘》，佶屈聱牙。《春秋》谨严，《左氏》浮夸。《易》奇而法，《诗》正而葩。下逮《庄》《骚》，太史所录。子云、相如，同工异曲。"柳宗元在《答韦中立论师道书》中指导学子写作，说："本之《书》以求其质，本之《诗》以求其恒，本之《礼》以求其宜，本之《春秋》以求其断，本之《易》以求其动：此吾所以取道之原也。参之《谷梁氏》以厉其气，参之《孟》《荀》以畅其支，参之《庄》《老》以肆其端，参之《国语》以博其趣，参之《离骚》以致其幽，参之太史公以著其洁：此吾所以旁推交通，而以为之文也。"韩愈、柳宗元所提及的著作，包括《周易》《尚书》《诗经》《礼》《春秋》《孟子》《荀子》《老子》《庄子》以及《国语》和《离骚》，这些都是先秦时期的经典。韩愈和柳宗元自己熟读了这些经典，对其价值有深刻的体会，并指导学生阅读这些经典。

这就是说，唐代的教育，是以经典阅读为重点的。

宋代更是如此。教育家程端礼的《程氏家塾读书分年日程》中说，学生"自八岁入学之后，读《小学》。……《小学》书毕。次读《大学》经传正文。（读书、倍温书、说书、习字、演文，如前法。）次读《论语》正文。次读《孟子》正文。次读《中庸》正文。次读《孝经刊误》……次读《易》正文……次读《书》正文。次读《诗》正文。次读《仪礼》并《礼记》正文。次读《周礼》正文。次读《春秋》经并《三传》正文……"这是先读四书，然后读五经。

由此可以看出，传统教育的内容，主要是经典。自然，古代私塾也有识字教材，但识字只是为读经做准备，并不是传统语文的主要内容。

明清时代，一些大学者从很早就开始读经。明末清初的大学者顾炎武，6 岁读完了《大学》，10 岁攻读《孙子》《吴子》等兵书，以及《左传》《国语》《战国策》等史书。清代的戴震 17 岁就熟读并背诵了十三经。他后来对段玉裁说："余于疏不能尽记，经注则无不能倍［背］诵也。"就是说，他不仅把经典原文背诵下来，连经典的"注"也背诵下来了，只是没有把"疏"都记住。

民国时期的家塾、私塾教育继承了古代的这一做法，许多有成就的学者从童年时就开始读经。如梁启超 5 岁时，祖父给他讲授四书、《春秋》《诗经》；6 岁时读完了五经。刘师培 8 岁开始学《周易》辨卦，12 岁读完四书五经。钱玄同 9 岁时读完五经。傅斯年 6 岁入私塾，11 岁读完十三经。孙中山 7 岁起读《三字经》《千字文》及四书五经。蔡元培 6 岁起读《百家姓》《千字文》《神童诗》及四书五经，还有《史记》《汉书》《困学纪闻》《文史通义》《说文通训定声》。吴稚晖 7 岁起读四书及《古文观止》《易》《礼记》

《左氏传》。邹韬奋刚满 6 岁的时候，便由父亲"发蒙"，读《三字经》。熊十力 7 岁起读五经、史书。陈寅恪 6 岁起读十三经，12 岁时，已熟背十三经。赵元任 4 岁起读四书、《诗经》《书经》《左传》。唐文治从小在父亲的教育下读书，14 岁读完《论语》《孟子》及五经。陈望道 6 岁时开始读《大学》《中庸》《论语》。周谷城 6 至 9 岁读完了《三字经》《百家姓》《幼学琼林》，还有四书五经。叶嘉莹 6 岁随家庭教师读《论语》。缪钺 7 岁时从外祖父读《论语》《孟子》。张恨水 7 岁时开始在私塾念《论语》，13 岁学完除《礼记》之外的几部经书。胡先骕 12 岁通读《史记》《汉书》。蔡尚思 7 岁入私塾，读四书、《孝经》。钱穆 7 岁起读《大学》《孟子》《尚书》。霍松林 3 岁起随其父认字读书，12 岁前已熟读四书五经。钱基博 5 岁从长兄子兰先生受书；9 岁毕四书、《易经》《尚书》《毛诗》《周礼》《礼记》《春秋左氏传》《古文翼》，皆能背诵；10 岁，伯父昌公教为策论，课以熟读《史记》，诸氏唐宋八家文选；而性喜读史，自 13 岁读司马光《资治通鉴》、毕沅《续通鉴》，圈点七过。

朱光潜讲自己的读书经历："我从 6 岁到 14 岁，在父亲的鞭挞之下受了封建私塾教育，读过而且大半背诵过四书五经、《古文观止》和《唐诗三百首》，看过《史记》和《通鉴辑览》，偷看过《西厢记》《水浒》之类。"又说："我在 15 岁左右才进小学，以前所受的都是私塾教育。从 6 岁起读书，一直到进小学，我没有从过师，我的唯一的老师就是我的父亲。……五经之中，我幼时全读的是《书经》《左传》。《诗经》我没正式地读，家塾里有人常在读，我听了多遍，就能成诵大半。于今我记得最熟的经书，除《论语》外，就是听会的一套《诗经》。"

程千帆讲："我们伯父对我们要求很严……教我们的则是为打好国学基础的一些经典著作。因此，我当时作为正课就读了《诗经》《左传》《论语》《孟子》《通鉴》《文选》《古文辞类纂》等书。"

刘起釪讲："祖父在我上学已识字之后，便于每天晚上和假期，按儒家传统教育方式对我循序施教。""从《孟子》《论语》入手教经籍，从《文中子》（《十子全书》最后一部）入手教子书，从《紫阳纲目》教历史，到我 14 岁时用心地教完《左传》，并嘱我每年点读一遍。接着因精力稍衰，只依次讲了《尚书》《诗经》大要，而不每篇讲解。"王运熙讲："我在 9 岁时初小毕业，父亲叫我留在家里在他指导下学习，以读古书为重点。这样一直到 15 岁进高中前后五六年时间里，我先后读了四书、《诗经》《尚书》《左传句解》《史记》（选本）、《楚辞》《古文观止》《六朝文絜》《古文辞类纂》等文史古籍。"

书法家欧阳中石对自己童年时的读经经历也有很深的印象："抗战时期，城里不能留了，我们就都躲到乡下去。乡下没有学堂只有私塾，我就进了私塾。整天就是读《论语》、背《孟子》什么的，先生从来不讲解，就是让我们背，后来长大了，我才发现多深的问题都在这其中，多浅的问题也都在这其中。真是受益匪浅啊！"

（二）为何要读经典

为什么要阅读经典？

首先，经典是民族文化的最高形态。特别是中国先秦时期的经典，如《周易》《诗经》《尚书》《论语》《孟子》《老子》《庄子》，等等，是中国社会历史文化发展到一个特殊时期产生的文化精品，是中国文化中"高不可及的典范"，具有永久的价值。

其次，经典不仅仅是一本书，书之中或书的背后，常常有一个文化巨人。如《论语》之中就有孔子的鲜明形象。阅读《论语》及相关的著作，读者心中就会浮现出孔子这个人。如司马迁就说："余读孔氏书，想见其为人。"梁启超也说："学者苟能将《论语》反复熟读若干次，则必能罿然有见于孔子的全人格，以作自己祈向之准鹄。"与经典中的巨人对话，对人的成长有重大的意义。梅贻琦谈到教育问题时，提出了著名的"从游"论：学校犹水也，师生犹鱼也，其行动犹游泳也。大鱼前导，小鱼尾随，是从游也。从游既久，其濡染观摩之效自不求而至，不为而成。这是非常深刻的。只是，人在现实的生活环境中，不是总能够遇到"大鱼"，这时，需要从古代寻找自己的榜样，这就是孟子的"尚友古人"。尚友古人，也就是要阅读古代巨人的书籍，以古代的杰出人物为师。苏雪林曾说："文化不过一个空洞的名词，它的体系却由过去无数圣贤明哲英雄名士的心思劳力一点一滴建造成功。这些可爱的灵魂，都在古书里生活着，翻开书卷，他们的声音笑貌、思想情感，也都栩栩如生、历历在目。我们同他们周旋已久，就发生亲切的友谊，性情举止一切都与他们同寮化。"这就是说，读书是与古人打交道的过程，而经典作品中更有杰出的人物，可以作为后人的老师和朋友。

再次，经典也是最富有创造力的著作，是精神创造力最典型、最生动的体现。仔细阅读这些经典著作，感受其中的创造精神，是培养创造力最好的方法。创造力的形成，需要有知识、经验，但仅仅这些还不够，还需要有经典来提升自己的个别经验。张仲景在《伤寒杂病论》序中说："上古有神农、黄帝、岐伯、伯高、雷公、少俞、少师、仲文，中世有长桑、扁鹊，汉有公乘阳庆及仓公。下此以往，未之闻也。""观今之医，不念思求经旨，以演其所知，各承家技，始终顺旧。"对此，中医师刘力红做了分析："从这段文字我们可以看到，仲景在 1700 年前已经清楚地说明了什么是守旧，什么是创新。当时的医生中，各人只抱守家传的一点经验，这就叫守旧；而反过来呢？能够'思求经旨，演其所知'，这就是创新。所以，我们学习经典，学习《内经》《伤寒》这些著作，完全是为了

'演其所知'。演是什么意思呢？演就是推演、扩大、发展、延续的意思。能够把我们那点局限的知识发展、拓宽开来，能够发扬光大它，这个东西就是经旨。"这个分析很有价值。经典的价值在何处？阅读经典有什么作用？经典的作用就是，帮助人把自己的有局限的知识（所谓来自"实践"的知识）推演、扩大、发展、延续，也就是帮助人超越自身知识的局限。个人实践需要与经典结合，通过思考经典来"演其所知"。这"演"的过程，就是个人经验得以提升的过程，也是个人获得创造力、发挥创造力的过程。

复次，经典是学习其他有价值著作的基础。不懂得经典，对后来的著作也不可能真正理解。金克木先生在《书读完了》一文中就曾指出：中国古代最重要的经典《易》《诗》《书》《春秋左传》《礼记》《论语》《孟子》《荀子》《老子》和《庄子》等，是后来所有读书人都要读的。他认为，这些几乎无人不读的书必须读，不然就不能读懂堆在那上面的无数古书，包括小说、戏曲等。这10部书若不知道，唐朝的韩愈、宋朝的朱熹、明朝的王守仁（阳明）的书都无法读，连《镜花缘》《红楼梦》《西厢记》《牡丹亭》里许多地方的词句和用意也难以体会。这是非常正确，也是非常深刻的。在各个历史时期，不管哪代，都读中国文化史上从无到有的那批原始典籍，即五经、《论语》《孟子》等书……这样就使得先秦典籍、孔孟言论，同各个历史时期中最活跃的人，密切联系在一起，其言论思想、观点、见解，都活跃在各个历史时期活人的思想中，这样缩短了古今的距离，使相隔一两千年的文化，形成一个整体，是一株枝繁叶茂、越长越葱郁的乔木。"中国历史悠久，各代典籍众多，四库所收，各种书籍，成千上万，汗牛充栋，如不从根本经典著作入手，又如何学会读书，选择书种，继承文化？以五经、四书作为根本，读熟之后，读《文选》、读《史》《汉》、读李杜、读苏辛，以及老、庄、骚、赋、文字、训诂，无往而不利。如果相反，则就无法完整系统地掌握中国传统文化。"这种看法，与金克木所讲是完全一致的。

最后，经典也是对人类经验的完美表达。即是说，经典不仅内容深刻，它的文字也是非常精彩的。如《周易》奇幻简约，《尚书》质直古朴，《礼记》典雅凝练，《诗经》形象生动，《春秋》言简而义丰，《左传》简练而富艳；再如《老子》语言精警、精确、精练，《论语》语言质朴准确，言简意赅，耐人寻味，《孟子》气势充沛，感情强烈，语言明白晓畅；《庄子》更是代表了先秦诸子语言艺术的最高成就，鲁迅就称庄子散文"汪洋辟阖，仪态万方，晚周诸子之作，莫能先也"（《汉文学史纲要·老庄》）。文史学者方孝岳讲："六经之文所以能够永远不朽，固然是因为内容道理好，但也因文章构造之精。六经的文章一字一句都有万牛莫挽之重，后世人无论怎样力追，都不容易赶上。推求所以然的道理，即因六经之文没有一个字不是合于义之至安、理之至顺。"儒家经典《中庸》并不能算优秀的文学作品，但其语言也很有表现力，如讲到"尊亲"时："天之所覆，地之所载，日月所照，霜露所坠，舟车所至，人力所通，凡有血气，莫不尊亲。"这就能够给人留下深刻的印象。

（三）经典的当代教育价值

中国古代教育一直是重视读经的，清末教育改革之初，在学校教育中，也还没有排斥读经。1904 年初颁布了由张百熙、张之洞、荣庆主持制定的《奏定学堂章程》，在所附《学务纲要》中特意强调"中小学堂宜重读经，以存圣教"，规定中小学堂皆设读经讲经科。初等小学堂讲授《孝经》、四书、《礼记》节本，每星期 12 小时（各科总计 30 小时）；高等小学堂讲授《诗经》《书经》《易经》及《仪礼》之一篇，每星期 12 小时（各科总计 36 小时）；中学堂讲授《左传》《周礼》，每星期 9 小时（各科总计 36 小时）。但此时，反对读经的声音越来越响。1912 年 1 月 3 日，蔡元培被任命为民国首任教育总长，颁布《普通教育暂行办法》，规定"小学读经科一律废止"。此后，关于学校教育是否应该有读经的课程，虽一直有争论，但总的趋势是，读经逐渐废止。不过，这只是学校教育的情况，私塾、家塾教育中，读经仍然是主要的教学内容。这种情况，到 1949 年之后，发生了重大的变化，到 1952 年，私塾教育不复存在，统一的小学、中学教材中完全没有古代经典的地位，读经成了历史。这种情况持续了近半个世纪，但从 20 世纪末起，特别是近 10 年来，民间私塾教育又出现并得到发展，读经仍然是私塾的重要教学内容。于是，关于读经的争论再起。

对读经进行批评、批判乃至根本否定的，主要有如下的一些说法。

一种说法是，经典本身就没有什么价值。理由是，中国古代的经典"大多是些感悟经验的东西，缺乏充分而严格的论证"，"很多前后句都没有逻辑性"，"思维方式并不是很科学"。这种说法，是没有道理的。

中国古代的经典，与欧洲文化中的经典是很不同的。仅就表达方式看，西方文化中的经典著作多有严密的逻辑。西方的哲学家常常要对自己的观点详加论证，非常讲究逻辑性。如康德，就常常用非常繁复的句子周密地叙述自己的思想，一个复句往往包括好多的单句。黑格尔也差不多。西方人，特别是德国人，确实非常严谨，非常讲逻辑。俄罗斯教育家乌申斯基说："德国人性格的一个典型特征，是对抽象的爱好以及由此而引申出来的对体系的爱好。"德国人追求的是知识的全面性和系统性，以至于在德国的教科书里，"在对某一词下定义之前，先要列举一下 20 个民族对这个词是如何称呼的"。

与西方不同，中国古代人在理论著述中追求的是简洁、凝练，让自己思想的表达更富有暗示性、多义性，其中有许多精彩的看法和感受，但往往是点到即止，不做发挥，让聪明的读者自己去玩味思考。如《论语》有"子在川上曰：逝者如斯夫，不舍昼夜"。孔子是个伟大的教育家，但在这里他只说了"逝者如斯夫，不舍昼夜"9个字，不过，其精彩之处也正在这里。梁宗岱曾分析这句话：这是哲学，也是诗。"'川流'原是一个具体的现象，用它来形容它的特性的'逝者'二字表出来，于是一切流逝的、动的事物都被包括在内，它的含义便扩大了，普遍化了；'永久'原是一个抽象的观念，用'不舍'一个富有表现力的动词和'昼''夜'两个意象鲜明的名词衬托出来，那滔滔不息的景象便很亲切地活现在眼前了。"梁宗岱还把孔子的这句话与赫拉克利特的一段名言相比较："大家都知道，那相信宇宙流动的古希腊哲学家赫拉克利特关于河流也有一句差不多同样的精辟的话：'我们不能在同一的河入浴两次。'不过，他这话是要用河流的榜样来说明他的宇宙观的，是辩证的，间接的，所以无论怎样精辟，终归是散文；孔子的话却同时直接抓住了特殊现象和普遍原理的本体。是川流也是宇宙的不息的动，所以便觉得诗意葱茏了。"

若是说得很多，说得太明确，比如说成这样："河水滚滚地流去，日夜都是这样，没有一刻停止。世界上一切事物不都像这流水时常变化不尽吗？过去的事物不就永远过去绝不回头吗？我看见这流水心中好不惨伤呀！"这样的话，明确倒是明确了，但什么味道都没有了。

另一部经典，老子的《道德经》也是如此。如"治大国如烹小鲜"，老子就说了这么一句，根本不做什么论证，却很精彩。当代作家王蒙就特别赞赏老子的这句话，他说道："我最喜欢看老子的一句话'治大国如烹小鲜'，为什么如'煮小鱼'呢？你分析不清楚，不能告诉你，为什么呢？'天机不可泄露。'但是这句话一说，你就觉得语出惊人、举重若轻、气概非凡、胸有成竹、神机妙算、深不见底。"（《汉语写作与当代文学》）中国古代的经典正因为没有对某一观点做详尽的叙述和论证，才更带有多义性的特点，激发读者自己去思考和探索。

19世纪西方的一些哲学家如黑格尔，是惯于建立自己精密的理论大厦的，认为中国古代的著作理论性不强。到了20世纪，西方学者也认识到，西方古代一直重视的理性思维也有其局限性，与思维相对的"想象"，与思维有同样的价值，甚至比思维更有价值。对此，张世英说："思维总是企图界定某种事物，划定某种事物的界限，但这种界限是不能绝对划定的。我们应该承认思维的局限性，但也正是思维逻辑走到尽头之际，想象却为我们展开一个全新的视域。想象教人超出概率性和同一性的界限，而让我们飞翔到尚未实际存在过的可能性。但尚未存在过的可能性并非不可能，想象的优点也正在于承认过去以为实际上不可能的东西也是可能的。想象扩大和开拓了思维所把握的可能性的范围，达到思维所达不到的可能。思维的极限正是想象的起点。"① 这样看来，中国古代学人著述中的那种富有诗意的表达，其实更具价值。按海德格尔的看法，诗意语言总是由"此"指向"彼"，总是超越"在场"而指向"不在场"，因此意味无穷；而传统哲学看重的是概念，否定语言的诗意本质，这倒反而是不能把握真理的，也是贫乏无味的。从教育学的角度看，中国古代学者的这种诗意的语言，也是非常有价值的。因为它不是把一个现成的概念"塞给"读者，而是诱发读者自己去思考、玩味，而读者正是在这思考、玩味的过程中提高了自己思考的能力。

中国古代的经典与西方的经典各具特色，各有其宝贵的价值。日本首位诺贝尔物理学奖获得者汤川秀树，对中国经典的这一特点深有体会。他认为，类比思维非常重要，这种思维的特点是，让人能够"把那些在一个领域中形成的关系应用到另一个不同的领域中去"。他认为，"这是中国人自古以来就很擅长的一个领域"。

另一种说法是，经典虽然有其价值，但儿童读经，却不可行，因为儿童不可能理解经典的内容，只是死记硬背。

儿童确实对自己所读的经典不能很好地理解，但这是暂时的不能理解。随着儿童的成长，原来不能理解的东西，会逐渐理解的。许多过来人，都指出了这一点。如赵元任讲："要知道从前所谓'念书'就是念书，先生不一定讲，学生也不一定懂，真是'读书不求甚解'，可是过了一阵，甚至过了多少年，书里的意思渐渐地明白了。"

陈从周讲："记得我幼年读的第一本书就是《千家诗》，至今篇篇都很熟悉，那是得益于当年的背诵。当时有些篇章也一知半解，但我都背出来，等以后再理解。比如《幼学琼林》这本书，就是我在私塾中由老姑丈亲授的，书中的许多人物传略、历史、地理常识等，那时我虽然不完全懂得其中的内容，但总觉得音节很美，上口容易，我就天天背诵，长大后就豁然贯通了。"

冯至说过："我在幼年时背诵过一部《论语》，半部《诗经》，当时的确很痛苦，在那些费解的字句里消磨了我许多美好的童年，可是成年后，了解其中的意义，也像吃橄榄一般，苦后有余甘。如今我并不后悔在儿时读了那一部书。"冯至童年背诵《论语》时，是不太懂《论语》的文字的，他认为那是"费解的字句"。但后来他逐渐理解了自己所背诵的《论语》的意义。

中国古代的经典不仅是中国人阅读的对象，它也传到日本等国家。日本近现代许多学者最初的学习，是从阅读中国古代经典开始的。而且，他们也像冯至等人那样，先阅读、

---

① 张世英. 进入澄明之境 [M]. 北京：商务印书馆，1999.

背诵，后来慢慢理解。汤川秀树就是如此，他曾说："在上小学前，我就已经学习了各种中国古典著作。实际上，这只表明我跟着祖父重复朗读了一些中国经书的日文译本。当然，起初，我对文义毫无概念。但是，说也奇怪，后来我渐渐开始无师自通了。"

反对读经者断定，儿童由于不懂所读的经书的意思，是不会喜欢读经的。有人认为："'经'是用抽象的文字符号记载的他人经验，况且所用的语言又不是儿童现实生活中能接触到的，如果不联系儿童的已有经验加以解释，只要求儿童死背，根本谈不上陶冶，只能给儿童带来痛苦。"儿童读经是不是都感到痛苦？这也应该听听过来人是怎么说的。

朱光潜在《从我怎样学国文说起》中说："私塾的读书程序是先背诵后理解。在'开讲'时，我能了解的很少，可是熟读成诵，一句一句地在舌头上滚将下去，还拉一点腔调，在儿童时却是一件乐事。"

散文家王充闾说："我很喜欢背诵《诗经》，重章叠句，反复咏唱，朗朗上口，颇富节奏感和音乐感。诵读本身就是一种欣赏，一种享受。"

况且，十来岁的孩子，对经典不能很懂，但也并非完全不能懂，他们还是能够懂得一些的。金克木曾提出，为了了解中国文化，有一些书是必读的：五经和《论语》《孟子》《老子》《庄子》《荀子》。他说，这些书，除《易经》《老子》以外，"大半是十来岁的孩子所能懂得的，其中不乏故事性和趣味性。枯燥部分可以滑过去。我国古人并不喜欢'抽象思维'，说的道理常很切实，用语也往往风趣，稍加注解即可阅读原文。一部书通读了，读通了，接下去越来越容易，并不那么可怕。从前的孩子们就是这样读的。主要还是要引起兴趣。孩子有他们的理解方式，不能照大人的方式去理解，特别是不能抠字句，讲道理。大人难懂的地方孩子未必不能'懂'"。

金克木的这番话，是很值得重视的。而实际情况也是这样。有些孩子，读经典时是有自己的感受的。清代王士禛7岁入家塾，学《诗经》，已能领会诗情。他在《池北偶谈·诵诗》中说："予7岁始入乡塾，受《诗》，诵至《燕燕》《绿裳》等篇，便觉怅触欲啼，亦不知其所以然。稍长，遂颇悟兴、观、群、怨之旨。"对此，程千帆曾说："我记得王渔洋在诗话里讲到他小时候读《诗经》，对某些篇章感动得下泪的故事。我想这就是他后来无论是在诗歌创作或在诗歌理论，都卓然成家的起点。"

顾颉刚回忆自己的家塾学习经历：7岁时读完《孟子》之后，"我的父亲命我读《左传》，取其文理在五经中最易解，要我先打好根底然后再读深的。我读着非常感兴趣，仿佛已置身于春秋时的社会中了。从此鲁隐公和郑庄公一班人的影子常在我的脑海里活跃"。他对《左传》就有一些感受。同样，他对《诗经》也有感受："我读《诗经》，虽是减少了历史的趣味，但句子的轻妙，态度的温柔，这种美感也深深地打入了心坎。"

张恨水9岁时对《孟子》产生了兴趣。他回忆："我7岁才入蒙学，那时是前清光绪年间，当然念的是'三、百、千'……念过《上下论》，念过《孟子》……有一天，先生和较大的两个学生讲书，讲的是《孟子》齐人章。我很偶然地在一旁听下去，觉得这书不是也很有味吗？这简直是一个故事呀。于是我对书开始找到了一点缝隙，这是9岁多的事。"这些都告诉我们，金克木所说的是正确的。儿童对经典并非完全不能懂。

刘晓东写过多篇文章反对"读经"，有一篇文章以蒋梦麟的自述为例，论证"读经"是"悖逆儿童的天性、儿童的需要和儿童的兴趣的"。看刘晓东的文章，似乎是，蒋梦麟完全否定了读经的价值，但实际上并非如此。蒋梦麟对读经是有所肯定的，他曾说："在老式私塾里死背古书似乎乏味又愚蠢，但是背古书倒也有背古书的好处。一个人到了成年时，常常可以从背得的古书里找到立身处世的指南针。"而且明确地说："像我家乡的那个私塾当然是个极端的例子。"

不仅如此。蒋梦麟还明确讲过，他之所以能够接受西方的新思想，正源于自己对中国经史子集的熟悉："对于欧美的东西，我总喜欢用中国的尺度来衡量。这就是从已知到未知的方法，根据过去的经验，利用过去的经验获得新经验也就是获得新知识的正途。譬如说，如果一个小孩从来没有见过飞机，我们可以解释给他听，飞机像一只飞鸟，也像一只长着翅膀的船，他就会了解飞机是怎么回事。如果一个小孩根本没有见过鸟或船，使他了解飞机可就不容易了。一个中国学生如果了解西方文明，也只能根据他对本国文化的了解，他对本国文化的了解愈深，对西方文化的了解愈易，根据这种推理，我觉得自己在国内求学时，常常为经史子集而深夜不眠，这种苦功总算没有白费，我现在之所以能够吸收、消化西洋思想，完全是这些苦功的结果。"

"一个中国学生如果了解西方文明，也只能根据他对本国文化的了解，他对本国文化的了解愈深，对西方文化的了解愈易。"这是非常重要、非常深刻的见解。胡适、陈寅恪、赵元任、朱光潜……这些学贯中西的大师，童年都读经。事实已经证明，读经的中国人更易接受西方的新思想，而蒋梦麟把其中的道理讲出来了。

（四）经典的"糟粕"

多年来，有人反对学生阅读经典，或者是对阅读经典有顾虑，另一个原因，是认为经典中有"糟粕"，担心学生阅读经典会受到这些"糟粕"的不良影响。但这不应该成为拒绝经典的理由。

首先，学习经典，对经典应该有一种基本的态度，即着眼于它的精华，而不是仅仅盯住它的"糟粕"。

古代的文化人对经典非常尊重。经典是前人的创造，我们对他们的创造成果应该有一种尊重。如同我们面对历史文物，如殷商时期的青铜器，我们首先应该是欣赏它，而不是挑它的缺点。他们当然也知道，经典不是完美无缺的，但既然阅读经典是为从中汲取智慧，那么，当然要把目光放在经典的有价值的内容上。关注经典的精华，感受经典的精华，进而受到这些精华的影响，才能从经典的阅读中获益。

当年，徐复观拜见熊十力，熊十力向他推荐了王夫之的《读通鉴论》。过了一段时间，徐复观再见熊十力，熊十力让他谈谈心得，徐复观谈了许多对王夫之的批评，熊十力还未听完就破口大骂："你这个东西，怎么会读得进书！任何书的内容，都是有好的地方，也有坏的地方。你为什么不先看出它的好的地方，却专门去挑坏的；这样读书，就是读了百部千部，你会受到书的什么益处？读书是要先看出它的好处，再批评它的坏处，这才像吃东西一样，经过消化而摄取了营养。譬如《读通鉴论》，某一段该是多么有意义，又如某一段理解是如何深刻，你记得吗？你懂得吗？你这样读书，真太没有出息！"后来，徐复观对熊十力非常感激。因为这一骂让他大彻大悟。

经典也如同王夫之这本《读通鉴论》一样，"有好的地方，也有坏的地方"。为了从传统文化中获得益处，对于经典，我们需要采取熊十力的态度："先看出它的好处，再批评它的坏处，这才像吃东西一样，经过消化而摄取了营养。"若是"不先看出它好的地方，却专门去挑坏的"，这就很难获益。

其次，应该注意到，经典的所谓"糟粕"，常常源于我们对经典的一种片面的理解，而并非真是糟粕。如《论语》中的"君君臣臣父父子子"，曾受到许多批判，但对这句话的内涵，本来就有不同的解释。钱穆先生对此解释，"君君臣臣父父子子"的意思是：君要像君的样子，尽君的责任，臣才能像臣的样子，尽臣的责任。钱穆进一步说道："在儒家看来，社会上一切不正，照政治责任论，全由行政者之不正所导致，所以应该由行政者完全负其责。因此，臣不臣，还是由于君不君。这番意思，到孟子发挥得更透彻，孟子曰：'君仁莫不仁，君义莫不义，君正莫不正。'可见社会上，一切不仁不义不正，全该由行政者负责。"钱穆的看法，是有道理的。与此相关的是，人们常常批评儒家主张等级制度，实际上等级制度只是社会现实状况，这不是儒家所能够改变的，而且，社会分层也并非不合理。重要的是，社会应该由怎样的人来管理，或者说，居社会上层者应该具有怎样的条件。而在这个方面，儒家有一种重要的主张，即要求贤者居上位，由他们来管理国家事务。有人指出，在儒家思想中，有一种虽未明说然而是根深蒂固的认识：那些出身于艰难困苦的下层社会的人，往往更有资格承担天下国家之大任。农民出身的伊尹，渔夫出身的姜尚，当过囚犯的管仲，"饭牛"的牧人戚宁，秦穆公用五张羊皮换来的百里奚，都是儒家所推重和歌颂的。儒家不看血统而看重人的实际才能，认为身处下层之人更具有智慧，在当时的社会条件下，这是一种很进步的思想。

中国古代经典的价值是毋庸置疑的，而且是无法替代的。阅读这些经典是我们的责任也是义务。而从儿童时期接触这些经典，是中国传统教育的重要经验，这一经验值得重视，也有必要进一步加以研究。

（五）读经的方法

经典的内容非常丰富，包括了文学、历史、哲学、社会学、经济学，也包含了各种自然科学的知识，中国古代的重要经典都具有百科全书的性质。至少可以说，我们从中可以看到后来分化的各个学科的知识。

经典内容如此丰富，但传统教育中的读经方式，却非常简单。这就是，由老师领着孩子读，老师读一句，学生跟着读一句。邓云乡在《清代八股文》一书中，记述了私塾教育读经的情形：

老师教学生读生书时，用朱红毛笔点一短句，领读一遍，学生读一遍，到一完整句时，画一圈。如《论语》开头"子曰：学而时习之，不亦说乎?"老师在"子曰"边点一小点，领读"子曰"，学生也跟"子曰"，然后点读"学而时习之"，然后圈读"不亦悦乎"，学生均跟着照读。这就是老师教学生读书，也就是所谓句读之学。一般人如此读书，皇子也如此读书。福格《听雨丛谈》记"尚书房"："皇子冲龄入学读书，与师傅共席向坐。师傅读一句，皇子照读一句，如此反复上口后，再读百遍，又与前四日生书共读百遍。凡在六日以前者，谓之熟书，约隔五日一复，周而复始，不有间断。"可见皇子和民间读书情况是一致的。

老师点句领读、学生跟读之后，就是初步完成了教读的任务，然后学生自己去读，一遍又一遍，读一两个小时，然后按规定时间到教师前放下书，背转身来背诵。如初读二三十个短句，学生很快读熟，背诵时，速度很快，如流水一样。老师便在下次教读新书时，多读二三十句，至五十句上下，如仍旧能很快读熟，背诵，便再加一些。

邓云乡还介绍，一般人家，是一两年间初步完成了识字教育，即开始读书教育。所谓"读"，是读出声音来，朗朗上口，强调读熟背诵。读的范围，首先是四书五经。也有读书人家，启蒙时不读"三、百、千"，识一些方块字后，就开始读四书。"俞平伯老先生三足岁读书时，就开始读《大学》……读四书大约一般聪明才智，有一年半到两年，就读得滚瓜烂熟了。按四书白文，《论语》一万两千七百字，《孟子》三万四千六百多字，加'大、中'约五万字……这点功夫非在十来岁时打好不可。然后再读《诗经》《书经》《礼记》《易经》等，自然也都要读熟，而且要背诵。这些熟读的书，为了防止忘记，必须经常温习，尤其是四书，更要连本文带朱注，永远烂熟于胸中。随口引用，像说话一样自然。"

私塾的教育方法，是因材施教、因人而异的。"比如同时十来个学生，不但可以分别按不同程度读不同种类的书，比如三个读启蒙读物《三字经》《千字文》这类书的，两个读《论语》的，两个读《孟子》的，三个读《诗经》的，两个读《左传》的……都可以在同一个老师的教导下、一个房间中共同高声朗读。读同一种书的学生，教师也可以按他们不同的智慧，不同的记忆力、理解力分别读不同数量、不同进度的内容。一般都以'句数'计算即每天老师大体规定读多少句生书。"

阅读最重要的著作，所用的方法却出奇简单，这正是传统教育富有智慧的表现。对儿童而言，经典毕竟是难懂的。马上让七八岁的孩子懂得这些经典的内容，这是不太可能的。作家李国文回忆童年读书时说，当时教他的私塾先生只让他背诵而不给他讲解。他对先生说："我不喜欢背。"先生的回答是："要学古文，就得背，而且必须背得滚瓜烂熟。多了，你就自然明白了。"李国文说："很久以后，我也琢磨出来这位老秀才的见解，不无道理。对一个童稚气十足的孩子，给他讲'大学之道，在明明德，在亲民，在止于至善'，真是如让顽石点头，是不会有什么效果的。但确如他所说，书背得多了，人长得大了，知识面也拓展了，还真是'就自然明白了'。"① 赵元任讲过："从前那时候念书就是念书，先生不一定得讲，学生也不一定得懂。这法子倒不是全没道理，现在最新的学外国语文的有时候倒是像中国的老法子了。不懂就老念老念，念熟了过一会儿，过一阵，过几年，他就不知不觉地懂起来了。"② 赵元任是过来人，他所讲的，并非虚言。

二、习文言

（一）艺术化的语言

中国传统语文教育只教文言。这是出于实用的考虑，因为当时的社会生活，特别是政治生活以及科举考试，需要的都是文言文。不过，清末废除科举之后，私塾教育仍然是只教文言文，而不教白话文，这就另有原因了，其中一个重要的原因是，与白话相比，文言文有更大的教育价值。

① 李国文. 从青年必读书谈起［M］. 上海：华东师范大学出版社，2007.
② 赵元任. 赵元任早年自传［M］. 南京：广西师范大学出版社，2013.

中国古代的文言，并非简单的口头语言的记录，而是一种创造，是一种艺术化了的语言。古代文章的写作，是非常郑重、严肃的事情。特别是，文章用于政治、外交等重要领域之时，更是需要非常认真地对待。《论语》就有这方面的叙述："为命，裨谌草创之，世叔讨论之，行人子羽修饰之，东里子产润色之。"按傅斯年的意见，"'文言'正可解为'语言的艺术化'"。他说道："为什么战国时的著述都是艺术语而不是纯粹的口语呢？这因为古来的文书，除去政府语诰只是记话言，书写之作用只是做一种传达及遗留的'介物'外，凡涉及文书者，不论国家的辞令或个人的述作，都有'言之而文'的要求，所以在述作开端之时，即带进了艺术化，'文言'正可解为'语言的艺术化'。""有那样的'文'气，虽不免是后来编书者整齐之，然当时话言固已'文'甚。然则在这风气中，诸子百家开始著作，所写必是。"

中国古代的文言之美，与汉语及汉字的特点也有密切的关系。有研究者指出："中国的语言文字因为一方面具有极大的灵活性，可以作非常丰富的变化，另一方面其在声韵与字形方面具有美的组合的极大潜力，因此几千年来一代代的汉语作家醉心于语言的编排与操练，在文学的能指上抛洒了大量的精力。"这是文章与汉语和汉字之间的双向影响。一方面，汉语灵活，可以有丰富的变化，使作家在文学的能指上抛洒精力；另一方面，正因几千年无数的文人抛洒了精力，反过来促成了汉语的简洁、灵活、优美。语言既是文学家的工具，也是文学家的创造。他们在使用汉语文字的过程中改进了语言文字，创造了新的词汇与表达方式，极大地丰富了语言的表现力。

文言文，包括先秦时期的文章、魏晋六朝的骈文、唐宋八大家的文章，所用语言也都是艺术化的语言。那些优秀的文章，每一篇都是精致的艺术品。这些篇幅短小、结构巧妙、语言精练、文辞优美、内涵丰富的文章，是学生喜欢阅读、容易背诵、能够深记于心、永志不忘的。这些文言短篇，有着白话文无法比拟的教育价值。文言作品如同艺术舞蹈，人们学习舞蹈，可以让人举止优雅。这种优雅的举止，不是讲授关于"优雅"的知识所能够得来的，通过一个一个动作的"优雅训练"，也未必管用；而学习了舞蹈，自然会举止优雅。文言文也是这样，在生活中，未必一定使用文言文，但通过文言文，人们对语言的艺术有深刻的领悟，再做白话文之时，就能将白话文写得精彩。人们常常感叹，20世纪上半叶的语言大师们所写的白话文章，文笔凝练、典雅而又生动、鲜活。其重要的原因，就在于他们有着古代汉语和中国古代文化的功底。

运用文言词语，是个人的文学创作和文章写作所需要的。20世纪初许多人倡导白话文而忽视乃至轻视、排斥文言之时，林语堂就曾强调文言词语的价值："我们的国语，有丰富的遗产，文言中许多字经过多年锻炼出来的。"他举了"差强人意""天公不作美""适可而止""恰到好处""罪有应得"等文言词语的例子，认为现代汉语写作也必须使用这些文言词语，它们无法用白话替代。"如果把'怀才不遇'说成'大才遇不到机会'，就不是好的国语。"

语文学习，只学白话文是远远不够的。白话有其优势也有其局限。朱光潜曾说："白话的定义很难下，如果它指大多数人日常所用的语言，它的字和词都太贫乏，绝不够用。较好的白话文都不免要在文言里面借字借词，与日常流行的话语究竟有别。……提倡白话文的人们欢喜说文言是死的，白话是活的。我以为这话语病很大，它使一般青年读者们误信只要会说话就会做文章，对于文字可以不研究，对于旧书可以一概不读，这是为白话文作茧自缚。白话必须继承文言的遗产，才可以丰富，才可以着土生根。"这是非常正确的看法，许多优秀作家的创作经验也证明了这一点。

周作人散文的语言以白话为根底，同时也从文言中汲取了有益的营养。如《北平的春天》中多是普通的口语语汇，但文中的"冻嫁""苦寒""僵冻""炙砚呵笔"等则是文言词语。《菱角》中的"城外河中弥望菱荡，唯中间留一条水路，供船只往来，秋深水长风起，菱科漂浮荡外，则为散苗"，更具文言的韵味。周作人散文的语言是俗白的，但俗白中有雅致。

俞平伯散文语言典雅有文采。郑敏曾举俞平伯《凄然》的文字，"今年九月十四日我同长环到苏州，买舟去游寒山寺。虽时值秋半，而因江南阴雨兼旬，故秋意已颇深矣。且是日雨意未消，游者闻然；瞻眺之余，顿感寥廓！人在废殿颓垣间，得闻清钟，尤动凄怆怀恋之思，低回不能自已"，认为这样的文字富有节奏感、音乐性，这也正是好的文言的特点。

徐志摩是现代诗人，但他不能也没有回避文言词语的运用。他的《偶然》——"我是天空里的一片云，/偶尔投影在你的波心——/你不必讶异，更无须欢喜——/在转瞬间消灭了踪影。/你我相逢在黑夜的海上，/你有你的，我有我的，方向；/你记得也好，最好你忘掉/在这交会时互放的光亮！"是现代新体诗，但诗中有不少文言词语。余光中指出，诗中的"偶尔""讶异""无须""转瞬""相逢"都是文言词。杜常善进一步提出，除此之外，还有十一个词（波心、欢喜、消灭、一片、黑夜、海上、记得、最好、交会、光亮、不必）"看似现代词，其实也是文言词"。

冰心是现代文学家，她认为，自己的新文学的创作受惠于中国古代文学："我从5岁认字读书起，就非常喜爱中国古典文学。从《诗经》到以后的《古文观止》《唐诗三百首》《古今诗词精选》等，我拿到后就高兴得不能释手。尤其对唐诗和宋词更为钟爱，以后又用元曲做我的大学毕业论文题目。我的初期写作，完全得力于古典文学……我觉得中国古典文学，文字精练优美，笔花四照，尤其是诗词，有格律，有声调，读到好的，就会过目不忘。我在谈到'诗'时曾说到，谈到诗，我是'不薄今人爱古人'的，因为白话诗无论写得多好，我欣赏后就是背不下来。……总而言之，在创作和翻译上精通中国古典文学，都有很大的帮助。"

汪曾祺散文用的是漂亮的白话，但有时又有文言的音律和节奏。如《幽冥钟》"罗汉堂外面，有两棵很大的白果树，有几百年了。夏天，一地浓荫，冬天，满阶黄叶"，《钓鱼的医生》中的"一庭春雨，满架秋风"，都是如此。

文言文是汉语的宝库，保留了古人创造的词语。如许多成语是先秦、汉魏和唐宋时期的创造，仍然活在今天的语言生活中，我们可能认为这些成语是很晚近或很现代的，但实际上它们多是源于古代的经典著作和文章。如自强不息、立竿见影、光明正大、持之以恒、乐天知命源于《周易》；同心同德、有条不紊、有备无患、多才多艺、发号施令源于《尚书》；先人后己、移风易俗、一成不变、天下为公、明辨是非、人浮于事、仁至义尽源于《礼记》；成人之美、道听途说、名正言顺、举一反三、有始有终、见义勇为、敬而远之源于《论语》；不言而喻、事半功倍、夜以继日、自以为是、心悦诚服、绰绰有余源于《孟子》；一视同仁、大声疾呼、袖手旁观、落井下石、垂头丧气、雷厉风行、再接再厉、朝发夕至、驾轻就熟是韩愈的创造；而胸有成竹、水落石出、坚忍不拔，以及取之不尽、用之不竭是苏轼的创造。固然，这些成语沿用至今，可以看作现代汉语词语，但它们都本于文言文。自然，今人不读文言文的作品，只依靠查成语词典，也能够大致了解这些成语的意思。但若能够阅读原文，则会有更深切的感受。

多年来，现代汉语的发展，即因为忽视、轻视文言，抛弃文言而失去了原本应有的简洁、细腻、凝练和优雅。很多时候，我们看到、听到的汉语变得贫乏、平庸和粗鄙。余光中曾提出：文言中的许多字汇是白话所无法取代的。如文言中鹤的叫声是"唳"，鹿是"呦"，马是"嘶"，而白话中都用"叫"。就是说，若不是继承文言文的词语，那么，一切动物的声音就都是一个"叫"字了。韩少功曾讲：文言文中用字是很讲究的，如打仗，"打仗打得轻松，叫作'取'。打得很艰难，叫作'克'。力克轻取么。虽然只是两个动词，但动词里隐含了形容词。但现在白话文经常不注意这个区别，一律都'打'。打石家庄打得艰难，打天津打得轻松，都是'打'"。"与'打'相类似的万能动词，还有'搞'：'搞'革命，'搞'生产，'搞'教学，'搞'卫生。"总之，抛弃了文言文的汉语，大多变得贫乏，单调，俗里俗气。

(二) 文言文教学的争议

语文教育在近现代的一个重要转变，就是文言文逐渐被白话文取代。民国时期的语文课本，逐渐以白话文为主。这是中国社会转型对语文教育提出的要求。陈独秀曾在给胡适的信中谈到白话文成功的原因："常有人说，白话文的局面是胡适之、陈独秀一班人闹出来的，其实这是我们的不虞之誉。中国近来产业发达，人口集中，白话文完全是应这个需要而发生的。适之等若在三十年前提倡白话文，只需章行严一篇文章便驳得烟消灰灭，此时章行严崇论宏议有谁肯听？"从社会的需要，从语言文字的实用价值而言，白话文成为主流，这是一种必然的趋势。黄侃以反对新文化运动而著称，因而被人视为顽固的守旧派，然而，他的学生陆宗达在《黄季刚先生诗文钞序》中却有这样的记载："季刚先生这一代人，恐怕是用文言文写文作诗而以为常事的最后一代人了。他之所以在白话文已经逐渐普及的时代坚持写文言文，不仅是一种守旧的习惯，更重要的，是表示一种对民族文化的态度，他的思想其实是早已见到时代的趋势的。1927 年，我随季刚先生到沈阳时，他便恳切地对我说：'你要学习白话文，将来白话文要成为主要形式，不会作是不行的。我只能作文言，绝不改变，但你一定要作白话文。'我一直记得老师这些话，并且由此窥见了他不愿随意改变自己的坚决态度和时代事业带给他的内心矛盾。"

白话文成为社会交往的主要语言，但这是不是说，文言就完全无用了呢？是不是说，学校的语文教育可以不学文言文了呢？对此，一直有不同的看法。从五四时期开始，许多激烈反对传统文化的学者，主张不读文言。自然，谁都承认，中国文化还是需要有所继承的。但他们主张，可以通过把文言文翻译成白话文，让人读白话文，以此继承中国文化。

鲁迅就这样认为，他在《无声的中国》中讲："有的说：如果都用白话文，人们便不能看古书，中国的文化就灭亡了。其实呢，现在的人们大可以不必看古书，即使古书里真有好东西，也可以用白话来译出的。"

叶圣陶也有类似的看法，他在《国文教学的两个基本观念》一文中更具体地说道："老子的思想在我国很重要，可是，《老子》的文章至今还有人作训释考证的工夫而没有定论，若读《老子》原文，势必先听取那些训释家考证家的意见，这不是中学生所能担负的。如果有这么一篇普通文字，正确扼要地说明老子的思想，中学生读了也就可以了解老子了，正不必读《老子》原文。"这是叶圣陶在 20 世纪 40 年代提出的看法，他似乎一直坚持。直到 1978 年，叶圣陶仍这样说："凡是古代书籍中对现代人普遍有用的，应当组织力量把它正确地改写成现代语文，让读者直接爽快地接触它的实质。"这就是说，语文课程中是可以没有文言文的，学生不必学习文言文。若想了解中国传统文化，只读翻译成的白话文就行。

学生不学文言文，若想了解中国文化，只读白话的翻译就行了。这是不是可以呢？不行。

首先，翻译代替不了文言文的原文。特别是诗词，翻译与原文相差太多。朱光潜曾举《诗经·采薇》为例："昔我往矣，杨柳依依；今我来思，雨雪霏霏！"四句诗看来是极容易翻译为白话文的。如果把它译为："从前我去时，杨柳还在春风中摇曳，现在我回来，已经雨雪霏霏了。"总算可以勉强合于"作诗如说话"的标准，却不能算是诗。一般人或许说译文和原文实质略同，所不同者只在形式。其实它们的实质也并不同。译文把原文缠绵悱恻，感慨不尽的神情失去了，因为它把原文低回往复的音节失去了。专就义说，"依依"两字就无法可译，译文中"在春风中摇曳"只是不经济不正确的拉长，"摇曳"只是呆板的物理，而"依依"却带有浓厚的人情。原文用惊叹的语气，译文是叙述的语气。这种语气的分别以及用字构句的分别都由于译者的情思不能恰如作者的情思。如果情思完全相同，则所用的语言也必完全相同。

张中行也指出，翻译、介绍最多只能达意，不能传神。他举例说："俗的如'伙颐！涉之为王沉沉（tántán）者'（《史记·陈涉世家》），'臣期期不奉诏'（《史记·张丞相列传》），雅的如'落霞与孤鹜齐飞，秋水共长天一色'（王勃《滕王阁序》），'感时花溅泪，恨别鸟惊心'（杜甫《春望》），不管译得如何忠实，总不如读原文。"张中行还提出，文言文不能不学，"都不学，若干年以后，不要说会，甚至连《左》《国》《史》《汉》也不再有人知道，一定是大失策。因为即使后人可以凭借译文了解古代典籍的大概，但翻译、介绍，先要有人学会文言。中国的文献数量巨大，一代两代是翻译不完的。若今天的学生都不学文言文，不懂文言文，几十年后，这些文言文谁来翻译呢？"

还有一点也不能忽视，这就是，时至今日，白话固然更适用，但在某些场合，文言仍然是需要的。文言因其特有的简洁、庄重与优雅，在书面表达中往往有特殊的效果。

2007年泰州市政府重修望海楼，请范敬宜作《重修望海楼记》，范敬宜所写的就是文言。

（三）文言文教学经验

民国时期许多小学生都读了不少很难的文言文，这不是因为他们比现在的孩子聪明，主要是因为学习方法不同。我们需要认真研究那个时代文言文教学的成功经验。

第一，学习方法上，不能把太多的时间花费在"字词"上，需要整体感受作品，通过反复阅读，让学生心中有这篇作品的"样子"。学生学习文言文，需要有感受、有想象。文言文教学，不需要太多地分析作品的思想内涵。一般来说，文言文也没有太多的思想内涵可以分析，这是浦江清等早就指出了的。在这方面不要花费太多的时间。

第二，教师需要让学生读熟，在熟读的基础上把文章背诵下来。为此，教师应具备朗读的能力，能够把文章的意味读出来，传达给学生，一般的念一念，意义是不大的。读的过程，是学生体会作品的过程，但老师需要做一个示范。

第三，学习文言文必须有断句的训练，自己动脑筋，不能太轻松地学文言文。启功先生讲自己学习古文的经验：他十几岁跟一位先生学习古文，先生叫他"找了一部木板刻本没圈点的《古文辞类纂》，先从柳文读起。怎样读？我满想先生一定会给我每句讲讲，谁知不然。先生在选出的篇题上点一个朱笔点，一次选几篇，说：'你去用朱笔按句加点。'一天留的'作业'即是十几页，甚至几十页。回忆第一次回家点读时，天啊！黑字一大片，从哪里下笔去点呢？没法子，只好硬着头皮去瞎点。凡是'之乎者也'的地方，大约是句尾，点着比较放心，其他对或错，只好置之度外。次日上课，战战兢兢，呈上作业，心里想，老师如不斥责，也会哂笑。谁料先生毫无表情，只是逐句低声念去，念到点错的地方，用朱笔挑去我点的句点（当时只用一个点来断句），另点在正确的地方，这才开口解说：这句是什么意思，那个点为什么错。我才恍然大悟：凡点错处，都是不懂某个字、某个词以至某个句式，特别是人名、地名、官名等等硬度很强的专名词。可以说，每天点的书，有许多句并无把握。谁知老师挑去的句点或更换句点的位置，每天总计并不太多，真出我意料之外"。

启功所述，说到了学习古文的正确方法。这告诉我们，学习古文，需要直接面对古文的原文，自己动脑筋来断句。这是文言文学习的经验。

几十年来，我们放弃了这种学习古文的行之有效的方法，在语文课本里，把古文加上了各种标点，而且加上详细的注解。有研究者举例说：《古文观止》中对《陋室铭》的注释仅15字（不计其"评"）；而在人教版的初中课本中，共九句不足百字的《陋室铭》的注释竟多达14条，足有四五百字[①]！语文课本中，文言文课文的注释太多、太详尽，而且就在课文的下面，学生读文时，看一遍注释，把注释"连起来"，就是一篇翻译好的白话文。这样，学生就很省事地读懂了这篇课文，但所懂得的其实是文言文的翻译，并没有进入"文言"的世界，如此，等于是没有真正学习文言文。这当然是学不好文言文的。

---

① 陶永武. 转变两个观念　走出教学困境——中学文言文教学的观念误区及辨正［J］. 语文学习, 2002 (05)：11~13.

从教材的编写方面说，学生获得文言文阅读能力，需要一定数量的阅读积累，太少了是不行的。民国时期的文言文教学有一定的量的安排。民国时期出版的《评注古文读本》（林景亮编著，中华书局1916年发行）是高等小学用书，共6册，每册30篇古文，共计180篇文章。第一册包括王安石的《读孟尝君传》、苏轼的《记承天寺夜游》、韩愈的《送董邵南序》、柳宗元的《永某氏之鼠》、庄子的《辩鱼乐》（"濠梁之辩"）；第二册包括欧阳修的《与梅圣俞书》、李白的《春夜宴桃李园序》、韩愈的《马说》、陶渊明的《五柳先生传》；第三册包括戴名世的《鸟说》、柳宗元的《小石潭记》《石涧记》、韩愈的《答尉迟生书》《送区册序》；第四册包括龚自珍的《病梅馆记》、苏轼的《黠鼠赋》、韩愈的《送廖道士序》、柳宗元的《袁家渴记》、宋玉的《对楚王问》；第五册包括袁枚的《黄生借书说》、归有光的《沧浪亭记》、曾巩的《墨池记》、韩愈的《与孟东野书》、荀子的《非相》；第六册包括曾国藩的《圣哲画像记》、苏洵的《木假山记》、韩愈的《答窦秀才书》、柳宗元的《永州铁炉步志》等。那时，许多小学生都读过不少古文。如周汝昌小学时读了《岳阳楼记》《秋声赋》《病梅馆记》《祭妹文》，冯英子小学四年级时读了《出师表》《陈情表》《滕王阁序》《祭十二郎文》《赤壁赋》，曾昭奋小学五年级时读了《与吴质书》《陈情表》《兵车行》《岳阳楼记》，马在田上小学时读了《滕王阁序》《吊古战场文》《为徐敬业讨武曌檄》《李陵答苏武书》等，杨叔子5到8岁间在家读了《诗经》、四书和《古文观止》，吴阶平6岁开始读《史记·项羽本纪》，梁启超12岁读《史记》，"能成诵者十九"，也就是说，他基本上把《史记》背诵下来了。这些课文，今天几乎都是高中教材里才有。

现代的小学语文教材中，虽然也有少数文言文，但只是《两小儿辩日》之类，与那时相比，真是太小儿科了！凭借这样少的课文，是学不好文言文的。

（四）白话课文的得失

民国初期，语文教材全部采用白话文。1917年白话文运动兴起，受其影响，1920年1月北洋政府发布文件，规定初小的国文教材尤其是低年级教材要用白话文编写。此后，小学语文教材选白话文渐成主流。如叶圣陶即白话文的积极倡导者，所编《开明国语课本》彻底贯彻了白话文这一原则。与传统语文教育相比，课文的内容变得非常简单，这套小学教材重视儿童情趣，"儿童本位"思想明确，教材投儿童所好，大量使用拟人化的故事，"小狗、小猫、小羊、小牛、小马"成为课文的主角。当时的各种白话文的小学课本内容都非常简单，如学部图书局《简易识字课本》第37课，内容才是"关门开窗挂帐卷帘"，第89课才是"夏雨初晴稻田水满男子插秧女子送饭"。商务印书馆的《初等小学国文教科书》第14课是"青草红花池草青山花红",这与传统语文教育的差别真是太大了。

当时的一些学人受到欧美的儿童中心论的影响,主张语文课本应能够理解和让儿童喜欢。因此,就需要编写这些内容简单的课文。但这其实是一种误解。因为儿童未必喜欢这种过于简单的"课文"。如周汝昌读小学时,就很反感简单的白话文,而喜欢有难度的文言文。他回忆当时的情况时这样说:"且说我一入小学,就读的是'国文'。""第一课'课文'是:'人、刀、尺'3个大字。这'教材'有'意义'吗?……除了是'笔画最少',实在太没意思了。"而到了高小,"换用了世界书局的国文课本,效果立显不同了。这儿所选的历代短篇名作精品,都是'文言'了,从《苛政猛于虎》到《岳阳楼记》,从《秋声赋》到《病梅馆记》……还有《祭妹文》……体制风格,文采情操,极为丰富美好。没有单一感(千篇一律的文风气味,语式口吻……),没有说教性,篇篇打动心弦,引人入胜。学童们一拿起这种新课本,面有惊奇色,也有喜色,他们并没有喊'这可太难了',也绝没有'奈何'之叹,更不见愁眉苦脸之态。这是引人深思的。"

周汝昌认为,编写那种过于简单的课本教材者,是不大懂得学童的智力特点的,也不懂孩子语文的本能发展要求,"只从成人的'想当然'而把这最重要的奠基教育看得那么简单乏味"。

周汝昌说到,儿童不喜欢过于简单的课文,反而对有难度的课文感兴趣,这是很有道理的。这里有个重要的问题:我们往往认为,学生对学习内容没有兴趣,是因为学生对其不理解,理解了才会有兴趣;内容难,没有兴趣,简单了才有兴趣。但实际上,学习内容简单反而没有兴趣。对学生来说,不是太懂的内容才容易产生兴趣。对此,童庆炳有深入的分析:

低估了小学生起步时候的语文能力。开头的课文总是什么"来,来,来,来上学"之类,写字训练也总是从"人、手、口、刀、牛、羊"开始,实际上现在的小学生在入学之前已经有了一个幼儿园阶段,孩子们在幼儿园里已经学会了许多知识,也有了一定的语文能力。因此小学的语文教材起点要提高,不需要编那些太浅显的顺口溜之类。

可能有人会说,在现在,让孩子们去读那些古典的作品,与现代生活失去联系,他们会感到枯燥,提不起学习的兴趣。这种看法看似有理,其实未必。学习的对象与现实的距离太近,就可能落入所谓自动化的"套板反应",那才会令孩子们感到枯燥乏味。例如,一个期待了很久要开始学习生活的一年级小学生,如果他第一次端坐在教室里上他的第一次语文课,结果老师教给他的是"来,来,来,来上学,大家来上学",他会觉得兴味盎然吗?他放学了,回到家,爸爸或妈妈问他:你今天学习了什么呢?他一定会觉得很难张口,因为"来,来,来"这句话让他觉得太没有劲了,学习内容与他入学前的期待相去甚远。他觉得他已经上学了，已经是"大人"了，可以开始进入"学问"的门槛，可在学校里学到的第一句话，却是让他感到没有"学问"，让他有点泄气，甚至有一种失败感。他不愿跟他的爸爸或妈妈重复这句没劲的话。假如小学一年级教材的第一句是孔子的"己所不欲，勿施于人"，那么孩子们就觉得一跨入学校的门槛，就与现实的世界不一样，就似乎一下子进入了"学问"的"深处"，他觉得深奥，觉得困难，觉得陌生，觉得不易理解，但同时觉得有意思，有兴趣，有挑战，这会极大地提高他对学校的认识，对学习的认识，极大地提高他学习的积极性。他回到家里，会主动地滔滔不绝地饶有兴味地向爸爸和妈妈讲解"己所不欲，勿施于人"是什么意思，他可能讲得不太清楚，这没有关系，爸爸和妈妈会加入讨论，他终于大体弄明白了这句话是什么意思，觉得学到了一个做人的道理，他觉得他长大了，学习真有意思，学校真有意思，他觉得学习是一场挑战，要憋足劲儿来应对这场挑战，以便向学习进军。事情难道不是这样吗？

许多学人对当时自己所读的那些过于简单和简陋的白话文课文都有批评。如刘锡庆回忆自己读小学时说："那些一般的'白话文'，除了《来来来，来上学》因为是入学后的第一课，又有点押韵、好记外，其他的都学过些什么，真的连一点儿也记不得了！由此我感到：白话课文，实在是太'水'了，不是记不住就是记住了也没有什么意义，因为它本身的'含金量'太低了，不能终身受用——整个小学六年，所有'课文'除了完成'识字'任务外，大多淡忘了，它不能作为'文化积淀'存留下来以长期使用，这真是一种智力开发上的极大浪费！"

孙绍振也有同样的看法：

我小时候是念过这个课本的，总的印象是，一点味道也没有，白开水。如第一课，我至今还背得上："学生入校，先生曰：'来此何事？'学生曰：'来此读书。'先生曰：'善，人不读书不能成人。'"还有是："喜鹊叫，客人到，妈妈去买面，面上一块肉，客人吃了点点头。"我当时调皮，在背给老师听的时候，后面加了一句："这是一个贪吃的客人。"总的说来，我当时读这样的课本的感觉是，语言平淡，大白话，一点童趣，一点想象力都没有，没有起码的精彩，不能满足我的求知欲。一些头脑冬烘的专家把它吹得天花乱坠，其实，水平很低。我只花了一两天，就把一本书的课文全背上了。不到两个月，我就背上了八册。所有这些加起来，留在我印象中的，还不如妈妈让我背的启蒙诗歌：如，最初教识字（一二三四五六七八九十），妈妈教的是："一去二三里，烟村四五家，楼台六七座，八九十枝花。"教春夏秋冬的是："春游芳草地，夏赏绿荷池，秋饮黄花酒，冬吟白雪诗。"还有，让我觉得感动的是："昨日入城市，归来泪满巾。遍身罗绮者，不是养蚕人。"更深一点的是："寒夜客来茶当酒，竹炉汤沸火初红。寻常一样窗前月，才有梅花便不同。"读了这样的诗，再读那些课本上的"开学了，开学了，看见先生敬个礼，看见同学问声好"，便觉得，读着完全是废话。

孙绍振对当时白话课文的评价，很尖锐，有杀伤力，却又完全符合实际。不难看出，上面的那些课文，是低于儿童的心智水平的。儿童学习这些课文，对自己的心智能力的提高，没有任何意义。

民国时期，有一些家长，就是因为语文课本太过简单，而对学校语文教育失去了信任，甚至不让孩子到学校读书。如语言学家朱德熙只上了半天小学，之后一直是在家学习的。他的夫人何孔敬就此说道："1926 年，德熙该上学了，到家附近的一所小学报了名。开学那天，由娘姨陪了到学校，领回两本书：一本国文，一本算术。同住一院的四叔，把孩子的国文掀开，看到第一页上写的是：'小猫叫，小狗跳。'不禁升起无名之火，怒气冲冲地说：'这叫什么课文，简直是误人子弟。鲁滨这学，我看不去的好，在家我来教他好了。'德熙只上了半天小学，领回来两本书，就在家里跟随四叔念文言古书了。"①

朱德熙的情况并非个例。当时有相当一部分家庭是这样做的。霍松林回忆说："三四岁时，父亲就教我认字、读书了。等我到了入学年龄，他已不再教私塾。村里有一所初小，教员兼校长是他的学生。父亲认为这位校长是自己学生中最差的一个，以其昏昏，不可能使人昭昭。还有，父亲从那所小学旁经过，听到娃娃们齐声朗读'大狗叫，小狗跳'，十分反感。他认为，童年记忆力很强，应该熟读一些经典，终身受用无穷。因此，他坚决不让我上那所'洋学堂'，而是在家里亲自教我读古书。"朱德熙和霍松林是退学，而季羡林是转学。他回忆自己读小学的情况："我是季家唯一的传宗接代的人。我上过大概一年的私塾，就进了新式的小学校，济南一师附小。一切都比较顺利。五四运动波及了山东。一师校长是新派人物，首先采用了白话文教科书。国文教科书中有一篇寓言，名叫《阿拉伯的骆驼》，故事讲的是得寸进尺，是国际上流行的。无巧不成书，这一篇课文偏偏让叔父看到了，他勃然变色，大声喊道：'骆驼怎么能说话呀！这简直是胡闹！赶快转学！'于是我就转到了新育小学。"

另有一些家长不是这样极端。他们采取的方式是，让孩子在学校学习，并在家给孩子补文言文的课。如宋史专家徐规回忆说，他幼年入鹤浦小学学习，同时在父亲指导下，"课余熟读《千家诗》《唐诗三百首》《四书集注》《古文观止》等书；点读《御批通鉴辑览》，日写大字数纸，寒暑不辍；闲暇时，浏览《水浒》《三国》《红楼》《西游》《聊斋》等小说"。著名古代园林专家陈从周 10 岁进入一所美国人开的教会小学上学，他母亲为了

---

①　何孔敬. 长相思——朱德熙其人［M］. 北京：中华书局，2007.

让他有中文功底，将他托付给一位老先生，让他学习古文。每天放学后要读古文，陈从周将这种学习生活叫作"洋学堂外加半私塾"。还有一些家长是让自己的孩子上洋学堂与读私塾交错。如王运熙五六岁时，他的父亲即教他读唐诗；后来上了小学，但小学毕业之后，父亲又让他留在家中，指导他重点学习古文。他用四五年时间先后读了四书、《史记》《左传》《诗经》《楚辞》《古文观止》等古书。

由此，我们不难看到，直至民国时期，私塾、家塾仍然指导学生阅读和背诵文言文，这是有深刻道理的。儿童及少年时期的文言文学习，是一种很重要的经历。若他们只是学习了白话文，那能否有后来的成就，就难说了。我们一直在说，语文是基础性的学科，是学习其他学科的基础，这倒也不错；但还应该考虑到，不同的孩子将来会有不同事业、不同的人生，而这不同的事业，实际上是需要不同的语文基础的。对有些职业来说，可以不读文言文；但对另一些职业来说，文言文是非读不可的，而且必须是从儿童时期就要熟读。

（五）白话文不一定好懂

人们认为，文言文很难懂，儿童不能懂；白话文容易，儿童能够懂。实际上，这是成人的感觉。对很小的孩子来说，白话文也不好懂。

邓云乡回忆说，他上小学时，课文有"天亮了，弟弟、妹妹快起来"。对这个完全是白话的课文，他就不理解。他说道："58年前上小学一年级，'国语'第一单元的课还清楚地记得：天亮了，弟弟、妹妹快起来，起来看太阳。当时我弟弟尚未出生，妹妹整天躺在摇篮里，还不会站，怎么能'起来'呢？而且起来为什么就要看太阳呢？……也还是不大懂。"

萧红的《呼兰河传》中，讲她童年时跟祖父读诗的情景：

祖母死了，我就跟祖父学诗。因为祖父的屋子空着，我就闹着一定要睡在祖父那屋。

早晨念诗，晚上念诗，半夜醒了也是念诗。念了一阵，念困了再睡去。

祖父教我的有《千家诗》，并没有课本，全凭口头传诵，

祖父念一句，我就念一句。

祖父说："少小离家老大回……"

我也说："少小离家老大回……"

都是些什么字，什么意思，我不知道，只觉得念起来那声音很好听。所以很高兴地跟着喊。

我喊的声音，比祖父的声音更大。

就这样瞎念，到底不是久计。念了几十首之后，祖父开讲了。

"少小离家老大回，乡音无改鬓毛衰。"

祖父说："这是说小时候离开了家到外边去，老了回来了。'乡音无改鬓毛衰'，这是说家乡的口音还没有改变，胡子可白了。"

我问祖父："为什么小的时候离家？离家到哪里去？"祖父说："好比爷像你那么大离家，现在老了回来了，谁还认识呢？'儿童相见不相识，笑问客从何处来。'小孩子见了就招呼着说：你这个白胡老头，是从哪里来的？"

我一听觉得不大好，赶快就问祖父："我也要离家的吗？等我胡子白了回来，爷爷你也不认识我了吗？"

心里很恐惧。

祖父一听就笑了："等你老了还有爷爷吗？"

祖父说完了，看我还是不很高兴，他又赶快说："你不离家的，你哪里能够离家……快再念一首诗吧！念'春眠不觉晓'……"

我一念起"春眠不觉晓"来，又是满口的大叫，得意极了。完全高兴，什么都忘了。

萧红祖父给她讲解了"少小离家老大回，乡音无改鬓毛衰"这两句诗。而小萧红想的是："我也要离家的吗？等我胡子白了回来，爷爷你也不认识我了吗？"她感到的是"恐惧"。

总之，一、二年级的小学生，对课文是不能懂的。无论是文言文还是白话文，都不能懂。这与课文的难度几乎是没有关系的。儿童不懂，是因为他们没有到能"懂"的年龄。

民国时期，小学语文课本中的白话文课文为当时的人们所诟病，称之为"废话课文"，中学课本里的白话文也不被看好。人们认为，选入课本中的白话文甚至比文言更难懂。那些白话文，有许多是讨论社会问题的，这些内容学生就不太懂。宋文翰指出：当时的一些白话文课文，"文字不合于学生的智力……语体文则篇幅过于冗长，至内容则说明的语体文，类多关于哲学或社会问题的，绝非初中生所能了解。如某国文课本，一年级的教材，一叠选《美国的妇人介绍》《桑格尔夫人》《珊格尔夫人自传》《女子的根本的要求》《母》5篇讨论妇女问题的文章。同样，在某一本里又选上《人生目的何在》《人生真义》《今》和《不朽论》4篇讨论人生问题的文章。像讨论这样的大问题的文章，我想当国文教师的谁都会承认那些不可以当初中低年级教材的事实"。

当时的语文教材，初中多白话文，高中多文言文。初中语文课本中的白话文难懂，这一点，许多学人都注意到了。如浦江清就说："论文字是古文深奥，语体文浅近，论内容就不见得。学术和文艺，从古代到现代都是从单纯到复杂的。现代人的感情和思想，实在比古人复杂，所以中学语文教学现代的语体文中所表达的内容，有许多是超出于初中的智力和体会能力的。"但这并没有改变当时教材的变法，这也造成了初中生学习白话文的困难。孟起说，按当时的安排，"高年级学生应该读较'深'的文章，所以读文言文，低年级学生只好读写语体文，因为比较'浅'些……循此标准，高中学生有时要哼《祭十二郎文》这一类明白晓畅的文言文，初中学生有时便得在堂上苦闷地听教师讲《谈动》《谈静》这一类蕴蓄很深的语体文，高中学生读明白晓畅的文言文自然没有什么，初中学生可要给《谈动》《谈静》这一类语体文难住了"。这倒印证了浦江清的观点。从文字看，韩愈的《祭十二郎文》难一点，但文章表达的意思很明确，而《谈动》《谈静》就不那么容易理解了。

当时的一些教师也看出，文言文难懂，主要在文字。文字懂了以后，文章的意思是好懂的；而学生读白话文时，他们懂的只是白话。"讲一篇千字左右的白话文，如陈独秀《人生真义》、蔡元培《杜威博士生日讲演辞》等，要用四五个小时，若照原文念一遍，大约五分钟便够了，然而学生如何得懂呢？"罗莘田（罗常培）回忆自己当初的学习时，就说道："记得我讲李大钊那篇《今》的时候，学生还都没到理解发达的年龄，听完之后大部分有丈二和尚摸不着头脑的感想。"

当时的教材中，还有一些白话文课文语言太过欧化，甚至都不通顺。这当然也是难学的。如余冠英讲："我在坊间国文教本里就发现了不少有'文病'的文章，而有些'文病'的病源就在'欧化'。"他以几个句子为例：

他睡在一间胡乱叫作书斋的房中一张藤躺椅上，照那样子看去，可以称为是午后二时光景的夏天打盹。

有时因为一两匹小蝇在他的眼睛或嘴角的湿津津的处所吮咂得厉害，便"唔"的在梦中发出了向来不曾有仇但为什么定要来烦扰的不得已的抗议。

动的概念于是就占据了我这时全部的生命。

总之，这些白话文的课文，内容既难懂，语言又不能朗朗上口，这样的文章，学生连朗读都不愿意朗读，更无法记住，当然没有学习的兴趣。而教师又觉得难教：讲解内容，学生听不懂；解释字词，白话的字词又没有什么好解释的。如孟起所说："对付这类文章，不但学生无法，教师的厄运也是很显明的：提示内容吧，讲来讲去，学生总不明了，解释字句吧，则白话还有谁不懂呢？"总之，学生和教师对这些白话文课文都不看好。他们认为文言文更有学习的价值。

于是出现这样的现象："有的教师在学校里，因为迫于学校气氛的压力，按照学校的规定教授白话文，而回到家里，却要求自己的儿子背诵《古文观止》等文言文。"不能不说，这是聪明的做法。

三、篇本位

（一）"篇本位"的教育

中国传统语文教育，可以说是"篇本位"的教育。所谓"篇本位"，指语文教育一直重视的是篇章整体。古代阅读经典，经典是整部的著作；历代所学的文选，如唐人所读的《昭明文选》，明清时期举子读的《唐宋八大家文钞》，以及《古文观止》，自然也是篇章的选集；甚至识字教育，也是以文章的形式来教。如《千字文》是把 1000 个汉字编成有意义的文章，《三字经》本身就是文章，连《声律启蒙》的"云对雨，雪对风，晚照对晴空。来鸿对去燕，宿鸟对鸣虫。三尺剑，六钧弓，岭北对江东。人间清暑殿，天上广寒宫。两岸晓烟杨柳绿，一园春雨杏花红。两鬓风霜，途次早行之客；一蓑烟雨，溪边晚钓之翁"也像优美的诗篇。可以说，在古代以及民国时期的私塾、家塾教育中，儿童就是与"篇章"打交道。

在古人心中，文章是有生命的。古人讲文章时，常常用"血肉""骨"以至"文脉"这样的话语，这就是文章为有机体之观念的表现。如桐城派就认为：文像人一样是有生命的活物，文的肌体同人的肌体一样有魂魄、神气、骨骼、筋脉和肌肉。因而其不但主张文章要传神——传出所写的人或物之神，而且文章自身也必须饱含精神意象、神韵生气。

古人评论诗文，有"诗眼""文眼"的说法。"诗眼""文眼"是诗歌和文章中最美丽动人的字词或句子。这些字词就像人的眼睛一样，故称"诗眼""文眼"。人的美，首先是表现在眼睛上。

眼睛虽最能显示人的美，但只有作为人体的一部分，才有动人的美感。若是将一个人的眼睛单"拿出来"，我们不会感到是美的。"诗眼""文眼"也是如此。这个字、词，之所以是美的，也离不开其上下文。人们说"春风又绿江南岸"的"绿"是美的，这"绿"之美，离不开诗句的整体。如果将"绿"字从诗句中孤立出来，就看不出怎么美。古人重视诗歌、文章中的"眼"，从表面上看，是重视"字词"，但实际上古人是把文章、诗歌看作一个有机体，他们所重视的，是诗歌、文章的整体。

因为古人心中的文章是有精神生命的，因此，即使同是分析一篇文章，所讲也与今天不同。今天的语文教学有分段的学习内容。分段就是把一个整体的文章"拆解"开来。中国传统语文教育也重视分段，姚永朴甚至提出：学习文章，"一曰分段落。盖不先将段落分清，何由寻古人线索而得其精神？……凡读古人之文，每篇必求其主意而标志之，寻其伦次而分画之"。表面上看，这与今天的重视"分段"是一样的，实际上是很不同的。清人方东树讲，"文法以断为贵"，"古人文法之妙，一言以蔽之曰'语不接而意接'"。从这里就能感到有差异了：古人认为，文章之"断"与文章之"接"相辅相成，而且更重视的是文章的"接"。好的文章，在其"断"处，其内在的"意"是"接"的，"语不接而意接"。刘熙载言：文章"不难于续而难于断……抛针掷线，全靠眼光不走，注坡蓦涧，全仗缰辔在手，明断正取暗续"。（《艺概·文概》）"明断正取暗续"，了解文章之"明断"，是为了把握文章之"暗续"。吕思勉说得更明白："凡读古文，须分清段落，看其起结转接之处，文之力量，皆在此中。"这是说，文章的"断处"是有讲究的，"分清段落"，要体会出"此中"的"文之力量"。这种看法，即文章为有机体之观念的表现。文章的"断"，像人体的关节，关节在两块骨头之间，是两块骨头的"断"处，但关节的作用与力量表现在"接"之上，它的作用是把两块骨头连接起来，让人的活动更自如更有力量。

中国传统语文教育认为文章是一个有机体，因此，阅读文章，重视的是整体的感悟，而不是细致、烦琐的分析。在古人看来，通过朗读体会文章的感情，比那种烦琐的分析讲解更为重要。程千帆先生回忆他的老师胡小石："记得我读书的时候，有一天我到胡小石先生家去，胡先生正在读唐诗，读的是柳宗元《酬曹侍御过象县见寄》，讲着讲着，拿着书唱起来，念了一遍又一遍，总有五六遍，把书一摔，说，你们走吧，我什么都告诉你们了。我印象非常深。"

胡小石什么都没有讲，但他通过吟诵把柳宗元诗歌的情感传达出来了，而且给自己的学生留下了非常深刻的印象。

古人的这种做法，是非常富有智慧的。语文的价值主要表现在整部的著作和整篇的文章中，而不是著作和文章的某一部分之中。自然，著作、文章都离不开字词，但文章并不是字词的"堆积"。文章中包含了作者对世界、人生的情感体验与思考；虽然他们创作时使用了字词，但字词构成了著作、文章之后，就已经不再是简单的字词，而成为一种新的东西，也有了新的功能，这是独立的字词完全不能相比的。这就像，一座建筑可以说是由砖瓦、水泥等构成的，但建筑绝不是砖瓦、水泥的堆积，它包含了设计者的经验、能力、智慧及审美情趣。建筑可以居住，可以供人欣赏，这些都不是砖瓦所具有的。

由此，传统语文教育一直重视篇章的阅读。自然，为了读书，需要认识一些汉字，但传统语文教育很少在讲解字词上花费时间和精力。私塾教育的初始阶段，是不讲解字词的。邓云乡在《清代八股文》中说，传统语文教学也有"讲"，但是，这个"讲"，现在的读者要理解，不是一般的讲解词句意思，而是靠在熟读背诵中自然理解，老实说是不必

"讲"的。明、清两代八股文教育中的所谓"讲书""开讲"，都是讲四书中的每一句话如何发挥，如何写成一篇八股文。

20 世纪前期，不仅是私塾，就连一些学校使用的教材，字词都很少讲。如中华书局《评注古文读本》是民国时期高等小学的教材，共 6 册。这套教材出版于 1916 年，到 1931 年已经再版 30 多次，是非常优秀的古文教材。这套教材有鲜明的特点。首先，6 册教材每册选古文 30 篇，共 180 篇古文，而且选篇很精当，包含了古代散文的许多优秀篇章，如第一册就选了苏轼的《记承天寺夜游》、韩愈的《送董邵南序》，以及选自《庄子》的《辩鱼乐》（"濠梁之辩"），足能引发学生的学习兴趣。其次，教材的评点或讲解也很有特色，是按"篇法、章法、句法、字法"的顺序进行的。而且，每个部分的讲解，重点不在于告诉学生这篇文章写的是什么，而在于介绍文章的内容是怎样表达的。这对培养学生的阅读能力和写作能力都是很有意义的。教材虽有对字词的"注释"，但数量很少。每篇文章注释的字词多是五六个，最多也就 10 个左右，而且解释也非常简单。那时，学生学习语文，以篇章的熟读为主。如文史学者罗庸回忆自己中学的语文教育经历，提到自己的老师王先生就是通过朗读而让学生对课文有了理解："王先生操着本色的宝坻土音，声如洪钟，语言缓慢而沉着有力，读本文时抑扬顿挫，一字不苟，尤其是语势的转折，虚字的照应。经他一念，整篇文章就像一个人在面前说话一般，不待解释，已大部分明白了。"

（二）解词教学之失

传统语文教育重视篇章的阅读，而现代语文教育则把很多时间放到了字词的训练上。这些字词的训练效果究竟怎样，是值得研究的。

新式学校的语文教学中，小学时期即有"解词"的教学内容，学生通常要为此花费很多时间和精力。解词能力也被看作语文教师的基本功之一，有许多教师为此还总结了不少的解词方法，如替换法、归纳法、联想法、迁移法以及直观演示法等。但"解词"教学，实际上是没有多大意义的。

苏联心理学家、教育家维果茨基在其著作里转述了托尔斯泰对解词的独到看法。托尔斯泰认识到，不可能由教师简单地、直接地给学生传授概念，机械地用别的词语将词义从一个头脑转到另一个头脑。直接教授概念实际上是不可能的，在教学上是无效的。试图走这条道路的教师一般是除了使学生掌握空洞的词语、空洞的言语表达之外什么也达不到，而这些东西仅仅是重复和模仿儿童现有的概念，事实上是以此掩盖自己的空虚而已。在这些情况下儿童掌握的不是概念，而是词语，多数是用记忆取得的，而不是用思考去掌握的。而最终要有理解地使用所掌握的知识时便常常无所适从。……我们应该承认，最近两个月来我们不止一次地对此做了实验，每次学生都表现出强烈的厌恶，这证明我们所采取的方法是错误的。通过这些实验我才确信，解释词、词语和言语的意义，是完全不可能的，甚至对天才的教师也是如此，至于平庸的教师所喜爱解释的"好多就是不小的一大群"之类的解释就更是不必说了。解释一个什么词，比如说"印象"这个词，你不是在要解释的词的位置上加进另一个也不懂的词，便是加进一系列像该词一样不明白其联系的词语。

这当然不是说，学生不能理解词语的意义。问题只在于，他们不能通过教师的"解词"而理解这些词语。要理解这些词语的意义，需要的是在阅读中多次接触这些词语。对此，托尔斯泰说："应该给学生机会从言语的一般意义上获得新概念和词语。他第一次在他所理解的句子里听到或者读到一个不解的词，另一次在另一个句子里，他就开始模糊地意识到一个新的概念，他终于偶然地感到有必要用这个词，用了一次之后，词和概念便成了他的财富。其他的途径成千上万。但是有意识地给学生新的概念和词形，我们认为也像按照平衡规律教小孩走路一样是白费心血的，是不可能成功的。任何这种试图不是推进，而是拉开学生和既定目标的距离，正像想帮助花开放的拙笨的人一样，他用手掰开花瓣，结果把周围一切都糟蹋了。"这就是说，学生通过大量的阅读，在阅读中多次接触某些字词，自会理解这些字词的含义。直接为孩子"解词"，是没有意义的。

事实上，解词，给一个词下定义，不仅学生感到困难，甚至连语法学家所作的，也往往不能让人满意，而费了很多心思作出的解释，往往又没有什么意义。张志公举了一个"跳"字的定义问题的例子：关于"跳"字，"《新华字典》原始的定义是：'两脚离地，全身向上。'有人说这是上吊，当然是开玩笑。但并不是所有的'跳'都向上，还可以向左、向右、向后、向下。因此，后来改成：'利用两脚一屈一伸的动作，使身体突然离开原来的位置。'这样好一些，但还不全面。有的词典定义更完备些：'利用两腿一屈一伸的动作（或尾巴，如鱼），使身体突然离开原来的位置。'"[①] 其实，这个解释也并不让人满意。因为在生活中，"跳"这个字还用在更多的地方，如"眼皮跳"，这与腿和尾巴都没有关系；"跳闸"即"通过保护装置将断路器断开"，更是与人的任何部位都没有关系。

语文教学中，教师对学生解释了一个词的基本意思，看上去，学生能够说出这个词的定义，但未必真的懂得这个词的意思。有人讲自己的经历："我曾经在一所省级重点中学听一位高一老师上《琐忆》。课上，这位教师不厌其详地对文中的词语进行讲解训练，又是正音齐读，又是辨形默写，又是引经据典解释词义，真是既'全面'，又扎实。""课后，我选了课上老师重点讲解的五个词语（睚眦必报、指桑骂槐、不期而遇、游刃有余、

---

① 张志公. 汉语辞章学论集 [M]. 北京：人民教育出版社，1996.

如沐春风）设计了几道题目让全班学生做，结果，音形义方面都掌握得很好，就是造句不能令人满意。语法不当的有，感情色彩搞错的有，词义轻重失当的也有。全班 48 名学生造的 240 个句子中完全错误或不很妥帖的句子有 157 句，错误率高达 65.4%。这还是省级重点中学学生的造句情况，一般中学可想而知。"

这也说明，学生不能通过教师的讲解而真正理解字词。真正理解某一个词的意义，需要在阅读中多次接触才行。多次接触，就是把这个词放到不同的语言场合中，即不同的上下文中。只有一个上下文，就不可能完全理解这个词各个方面的意思。语文教育没有必要把很多的时间放在解词教学上，这些时间应该安排学生自己阅读。学生只要是大量且认真地阅读了，文章、著作中的某一些字词暂不理解甚至是暂不认识，都没有多大的关系。这些是他们日后自然会认识、会理解的。而大量阅读本身就是真正认识和理解这些字词的过程。在实际生活中我们会注意到，许多酷爱阅读的孩子，因为在阅读方面的"贪婪"，而不能太过顾及字词的准确，在某一时间段中，常常是念错字，甚至被看作"白字先生"，但这些孩子因为读书很多，日后倒有了更高的语文能力。杨绛就讲过，钱钟书小时候读书，把"呆子"念成"岂子"。而这种情况并不是个别的。黑龙江的一位语文特级教师，从小酷爱读书，遇到不认识的字，就连蒙带猜。这位老师在语文教学方面的成就，得益于她早年的大量阅读。即使是作为语文教师，她读了一些错字，甚至写了错字，实际上也并不影响她的阅读和学习。

对此，周谷城曾说道："我们可以说，识字不是文字教育的基本，而且识字与读书在心理上是根本不同的两种心理过程，甚至于会相互冲突。因为读书重了解意义，识字往往斤斤于形音的认识。读书时太重形音，则读不快，甚至于不易获得全篇意义。反过来说，一篇文中或一本书中有若干字不识，只需大意可懂，尽可以不去管它，至于字的音不识更不重要……就是字的形记不清楚，也情有可原。"

这是很好的见解。学生大量阅读，书中的那些字词反复出现，总会被学生理解的；而且，不仅能理解字词的字面意义，还能够理解字词的引申义、情感义，乃至联想义、象征义。这是查字典时查不到的。传统语文教育即通过引导学生大量阅读而让学生掌握了大量的字词，而现代的学校语文教育把主要的精力放在了字词的训练上。这是捡了芝麻，丢了西瓜；而且，西瓜是丢了，芝麻也没捡到多少。

第二节　传统文化中的小学语文文化拓展

小学语文教学不仅要对学生的基础语文知识进行教育，还需要培养学生的语文核心素养。在语文核心素养当中，文化认同是一个值得关注的素养，其中对于传统文化的理解、认识和传承，是需要引起关注的。所以，在语文课堂中融入传统文化，就能够强化语文教学对学生核心素养的培育，推动语文教学的改革升级。

一、传统文化的内涵及其对小学语文教学的价值

传统文化，是文明发展过程中汇聚累积起来的可以反映民族文化和精神特征的文化总和，就我国实际来讲，传统文化的内容非常丰富，诸子百家都属于传统文化的范围之内。而在具体的文化形式上，主要涉及诗、词、曲、赋、小说、书法、围棋、音乐、陶瓷等多个不同的类型。这些优秀的传统文化，在千百年历史发展中流传下来，形成了宝贵的文化和精神财富。对于小学语文课程教学来讲将传统文化融入进来能够对教学活动起到多方面的积极作用。首先，可以实现语文教学内容的充实丰富。小学语文教学活动的开展，主要是以教材课本为主。但是，毕竟书本所能承载的内容是有限的。将传统文化融入课堂教学中就能让教学内容更加丰富，从而提升教学活动的充实性。其次，能够提升课堂教学的趣味性，吸引学生产生学习兴趣。传统文化当中，有很多具有趣味性的元素，比如围棋、书法、音乐、戏曲等，其中存在不少可以吸引学生的元素。在课堂上将这些引入进来，可以实现教学活动的趣味化构建，强化学生的学习参与。最后，传统文化的融入能够在课堂上增加学生的学习实践机会，促进课堂教学的理实一体化发展，切实提高学生的语文水平。

二、小学语文教学融入传统文化的教学策略

鉴于传统文化能够在小学语文教学中产生的积极作用，语文教师就要以教学实践为基础，通过合理的手段将传统文化融入进来，重构小学语文教学。

（一）立足诵读活动融入传统文化

在小学语文教学中，诵读活动是一类常见的活动，就是在课堂上组织学生进行诵读。而诵读活动，就可以成为融入传统文化的有效渠道。在语文课堂上，教师可以立足传统文化，构建起经典诵读活动，让学生在诵读活动中对经典传统文化形成认识。首先，可以开

展古诗词诵读。每堂课教学开始前，教师可以拿出几分钟时间，组织学生诵读一首古诗或者是词，通过诵读，让学生产生一定的感悟为课堂教学打下基础。其次，可以展开古文诵读活动。除了诵读古诗词之外，还可以立足古文来组织学生展开经典诵读，以此增强学生的文化见识和积累。最后，还可以引入其他的传统文化素材来构建经典诵读活动，让经典诵读成为语文课堂教学的一个固定环节，如此日积月累下来，就能让传统文化真正融入语文课堂之中。

（二）以传统文化拓展语文教学

除了通过传统文化组织开展诵读活动之外，教师还可以立足语文阅读教学或是写作教学，以传统文化来实施拓展教学，对课堂教学内容形成补充拓展，从而让教学活动更加有效。比如，在教学《清明》这首古诗的时候，这是唐代诗人杜牧的一首代表诗作，主要是描写了清明的一些景象。在课堂上，教师对诗作进行讲解之后，便可以拓展引入其他诗人描写清明的诗作，展开拓展教学。如黄庭坚的《清明》、辛弃疾的《念奴娇·书东流村壁》等，将这些同样描写清明的诗词拓展引入课堂之中，实现阅读教学的拓展，这样就可以大大提升教学的效果。此外，在教学其他内容的时候，也可以将相关的传统文化素材引入进来，可以实现传统文化与语文教学的有效结合。

（三）以传统文化创设实践活动

对于传统文化的融入，还可以以课堂实践活动为基础，构建起一些传统文化活动来辅助教学活动的开展。比如，在进行写作教学的时候，便可以将对联这种传统文化形式融入进来，指导学生学习对联写作，并且运用相关的修辞技巧来写对联。通过这样的活动，就可以让学生对对联产生有效的认识掌握。再比如，还可以在课堂上开展陶瓷品鉴活动，以陶瓷文化为载体，通过多媒体展示一些陶瓷艺术品，让学生鉴赏这些陶瓷艺术品的审美内涵，然后以其为对象展开写作，描写相应的陶瓷艺术品。除此之外，还可以创设其他的传统文化活动，和语文教学相结合，实现教学的有效开展。

经典传统文化对小学语文教学能够产生多方面的作用价值，在教学实践中，可以立足诵读活动、教学拓展以及文化活动等渠道，将传统文化融入进来，与语文教学深度结合。

借助传统节日感知古人之情。在传统节日的背后都有一个动人、感人的故事在支撑，教师在小学语文课堂中借助传统节日，向学生传递传统文化，既能够让学生掌握历史故事，汲取文化的营养，同时也能够借古诵今，根据古人的文化来探寻现代社会的精神，从而丰富学生的文化底蕴以及新时代的创造力。与此同时，随着社会的发展，学生对于"年年岁岁花相似，岁岁年年人不同"的传统节日可能产生了疲惫感，为此教师更应该向学生展现出传统节日的重要性，让学生以新颖的目光重新审视传统节日，进而在节日中感知传统文化。

例如，清明节也称"寒食节"，在清明节时期，学校会组织学生进行扫墓活动，但是对于很多学生来说这仅仅是一个活动而已，他并不知晓其背后的故事，也很难体会其中的情感，因此教师向学生讲述清明节的由来，将晋文公重耳与介子推的历史娓娓道来，让学生在故事中汲取经验，为现代生活所用。时至今日清明节成为我们专门用来祭祀已逝亲人的节日，既能够让亲人留存于后辈心中，同时也能够为后辈的缅怀提供一个契机。

春节是中华民族传统文化中传统节日的重要组成部分，需要当代青年去挖掘其中的文化底蕴，并进行有效创新，使其在新的时代展现出新的内容。关于春节的历史故事与传说多种多样，尤其是小学生所关注的压岁钱，因此教师将压岁钱的寓意进行介绍，既能够吸引学生的课堂学习兴趣，同时也能够丰富学生的文化底蕴，对传统故事进行了解，增强自身的实力。

传统节日丰富多彩，都蕴含了浓厚的情感表达，如端午节对屈原的缅怀，中秋节阖家欢乐的喜庆等，都是人们情感的寄托与怀念，因此学生在学习的过程中，应该深入地体会传统节日所象征的情感，以及在现代社会中所代表的意义。

引入传统民俗拓宽视野。传统文化在发展的历程中具有继承性、稳定性以及民族特性。小学语文教师在课堂中渗透传统民俗文化，能够有效地拓展学生的文化视野，增强学生对祖国文化的理解。因此教师可以鼓励学生利用课余时间进行传统文化的鉴赏，比如民族服饰的特色，其中特殊的花纹，既能够体现出一个民族的特征，又能够展现出民族的风情，让学生领略到各具特色的美，从而激发学生的创造力与想象力，用现代的眼光去审视传统纹样的特色，并将其进行有效的结合，推动自身的进步。与此同时，教师可以引导学生进行当地文化的深入探究，结合本土特色开展调研，既能够锻炼学生的实践能力，同时让学生对自己的家乡有更多的了解。

三、内容架构

"传统文化"与"语文素养"双线统整。基于语文学科本体性质、学生学习已有水平基础、现行语文教材，小学语文中华传统文化拓展性课程将语文教学与中华优秀传统文化相互对接，使语文教学与中华优秀传统文化和谐交融，不仅使学生传承中华优秀传统文化，还能学习语言文字的运用。

（一）聚焦文化，萃取内容，融合对接

《关于实施中华优秀传统文化传承发展工程的意见》明确了中华优秀传统文化可分为核心思想理念、中华传统美德、中华人文精神三方面内容。

其中"核心思想理念"主要分为"讲仁爱、重民本、守诚信、崇正义、尚和合、求大同"，"中华传统美德"分为"自强不息、敬业乐群、扶危济困、见义勇为、孝老爱亲"，"中华人文精神"分为"求同存异与和而不同的处世方法、文以载道和以文化人的教化思想、形神兼备和情景交融的美学追求、俭约自守与中和泰和的生活理念"。

根据这些文化主题，小学语文中华传统文化拓展性课程开发了《主题古诗词》《中华传统节日文化》《中华经典主题文化》3本教材，将语文教学与中华传统文化相互对接。如《中华经典主题文化》中精选了"龙、鹏、马等10类经典主题文化，这些主题文化融入了中华优秀传统文化中核心思想理念、中华传统美德、中华人文精神"的相关内容。

（二）学情视角，有序编排，纵向推进

语文学习有其学科特点和学习规律，应符合学生的心理和学习特点。古诗词因句精词粹、音韵和谐、意境优美而被学生经常诵读，为此小学语文中华传统文化拓展性课程中的《主题古诗词》教材的学习贯穿3个学段。《中华传统节日文化》则面向第二学段学生，内容包括节日的由来、传说、习俗和相关学生喜欢的古诗词、小古文、童谣儿歌、经典名篇等。山、水、月、梅等事物在中国文化中象征意义十分丰富，《中华经典主题文化》从文化起源、历史印记、经典回放、生活撷萃4个板块进行教材编写，面向第三学段，便于学生学习。

另外在主题学习中，课程教材内容编排也体现有序性。如《主题古诗词》每一主题包括"跟我学习吧""一起诵读吧""试着用用吧"三部分，《中华传统节日文化》中的每一传统节日的内容都依"让我找到你""让我了解你""经典齐赏读""活动齐参与"的顺序展开，呈现由浅入深推进。

（三）明确要素，有的放矢，提升素养

小学语文中华传统文化拓展性课程坚守语文本位，学习内容指向于学生学习语言文字运用，每一项主题的教材内容都有与之对应的语文要素，包括基本的语文知识、必需的语文能力、适当的学习策略和学习习惯等，以提升学生的语文素养。

如课程在核心思想理念中"讲仁爱"内容选取上，每一部分内容的学习都有对应需要训练的语文要素，其中"爱国情怀——碧血丹心终化长虹"这一主题侧重阅读方法和策略的学习，"端午"这一主题主要是复述能力的培养。

四、实施推进

创设学习活动使学习迈向结构化学习。小学语文中华传统文化拓展性课程，其目的是传承中华优秀传统文化，积累经典作品，学习语言文字运用，提升语文素养。课程在教学中创设学习活动，展开学习过程，使学习呈结构化，以求换一种方式学习和运用语言。[①]

（一）活动指向语言学习，衔接日常教学

学习活动的创设立足语言实践，指向语言文字的学习运用。如在《依依惜别——诉不尽的离愁别绪》一课创设"请学生读一读徐志摩的《再别康桥》，比较古诗与现代诗歌表达上的不同特色"的学习活动，引领学生群学《芙蓉楼送辛渐》《山中送别》《别董大》《送杜少府之任蜀州》等古代送别诗，发现古代诗人在送别诗中都是借用某一形式来抒发对友人的依依惜别之情，接着比较学习《再别康桥》。在反复品读中，学生进一步认识到古诗有着固定的诗行和固定的体式，语言凝练押韵而有节奏感，抒情含蓄而意境深远。

同时，学习活动的创设有机整合日常的语文课堂教学，与学生已有的语文学习相联系。如学习人教版六年级下册《北京的春节》时，延伸开展课程中《春节》《除夕》相关学习活动，学习不同作家对传统节日的写作手法。如学习"兰"文化时，让学生运用平时习得的借助表格、思维导图等提取并处理信息的方法，制作"兰艺"发展的图谱表；整理写山的诗词时，按作者所处朝代的先后顺序制成图表或设计思维导图等。

（二）活动融入时代语境，与之同频共振

传承中华传统文化需要找到学生生活和传统文化对话的共振点，结合当前时代需求，把传统文化用学生乐于接受的学习活动展现出来。如根据《中华经典主题文化》中学习活动的形式，引领学生开展搜集调查家乡的杨梅文化、石文化，设计家乡文化资料卡、制作文化书签、设计创意盆景等学习活动。学生在丰富的活动中，传统文化自然在学生心中扎根生长。还比如请学生结合端午节后自己的感受或是学校开展的活动来编写、发表一条微博，春节期间学习编写祝福语和拍摄有关春节的照片，通过微信朋友圈发送出去。这些学习活动就使传统文化生动地呈现于生活之中。

---

① 肖俊宇. 小学语文学科教育［M］. 北京：教育科学出版社，2016.

（三）活动纵向展开过程，体现学为中心

学习语言文字运用是一种慢的艺术，不是一蹴而就的，应展开学习活动的过程，使学生亲历学习。

首先，要使学习过程有效，就必须科学地细化学习目标，确定各阶段学习的子目标，从较低层次目标逐步达到较高层次目标，使学生循着目标拾级而上。如《"鹏"文化》一课学习目标为"对鹏文化形成较为清晰而有条理的认识"，这足可以将学习目标分解成5个子目标，即整理归类"鹏"文化资料——交流传说中的"鹏"文化并点明意象——厘清诗词中"鹏"包含的情感——发现成语中"鹏"包含的情感——明确方法展示"鹏"文化，使每部分的学习有目标，学习活动呈螺旋上升、渐进的态势发展。

其次，注重学习方法迁移，使学生在学习活动展开的过程中收获学习的方法，将教师的作用不断转化为学生的自主学习，达到不需要教的地步。如在达成"明确方法展示'鹏'文化"这一目标中，把"从教到学"的转化过程分为"扶—放—迁"三个主要阶段。第一阶段，着力于方法引导，而不是直接讲解，以此来让学生感知"鹏"与人名之间的内在联系；第二阶段，让学生独立地进行学习，运用学习方法深化学习"鹏"与深圳别名"鹏城"的深层联系；第三阶段，内化迁移，让学生独立运用"鹏"的象征意义来设计相关的建筑物和器物，以展示"鹏文化"。学习活动三个阶段的递进展开，使学生成为学习的主体，实现了"还学于生"。

五、学习评价

以评价推动学生学习二度提升。学习应重视评价，没有评价的学习是不完整的。小学语文中华传统文化拓展性课程在学习评价上以提升学生语文素养为出发点，使学生成为评价的主体，以评价二度提升学生学习。

（一）聚焦素养，凸显语文元素

小学语文中华传统文化拓展性课程的学习应坚守语文本位，激发学生的学习兴趣，以提升学生语文素养为根本，进行各有侧重的评价。教材《主题古诗词》的学习重在评价学生的诵读能力和在一定语境中运用古诗词的能力，《中华传统节日文化》主要评价学生搜集和处理信息的能力，《中华经典主题文化》则评价学生对代表性事物在传统文化中象征意义的理解。

（二）实践展示，亮出学习成果

课程在进行各有侧重的评价基础上，开展多种语文实践活动，以展示学生课程学习素养提升情况。《主题古诗词》学习中组织开展"诵读经典传承文化"诵读活动，学习《中秋》一课时为中秋联欢会设计体现中秋文化的节目并写一段串词，在《"月"文化》学习中让学生讲一个跟"月"有关的传说故事给伙伴听或在班级举行传说故事演讲比赛等，通过活动进一步提升素养。

（三）日积月累，记录成长瞬间

开展学生自评，关注学生的过程性学习评价，建立学生"成长档案册"。除小学第一学段由师生、家长合作设计之外，其他学段由学生自主设计"成长档案册"，包括档案册的名称、封面、具体存档的内容分类等，体现语文元素。成长册主要存档的是学生在自我评价基础上梳理出的课程学习中的课堂亮点、创作的优秀诗文、趣事乐事等，还有参加学习活动中的各类成果作品等，使学生在日积月累中激发课程学习的兴趣，获得成就感。

六、建设成效

文化传承与素养提升和谐共赢。

（一）语文与文化契合，完善了课程结构

小学语文中华传统文化拓展性课程立足于"核心思想理念、中华传统美德、中华人文精神"，教材聚焦中华优秀传统文化与小学语文教学的内在契合点，与各语文要素有机对接融合，与学习语言文字运用相交融，分各学段有序推进中华优秀传统文化教育。课程学习提升了中华优秀传统文化教育的实效性，使学生对中华传统文化有了更深的认识，同时提升了学生语言文字的理解与运用能力。

（二）以学习活动推进，让学习真正发生

课程的教学实施树立"学为中心"的理念，把教学的过程组织成学生学习活动的过程，确保课堂上学生大面积参与学习活动的环节和时间，并细化学习过程，使学生在课堂上根据明确的学习要求，自主地开展语文学习活动，在活动中充分思考，与人合作、交流，完成相关的学习任务。学习活动还与新时代生活密切联系起来，让传统文化变得具体可感、有血有肉。

（三）聚焦语言学习，变革评价提升素养

课程在学习评价中避免过多停留于思想道德概念和知识层面，不使学生只记住口号式的道德词汇。学习评价指向于学生学习语言文字的运用，以学生的实践展示和学习过程成果的梳理来呈现，同时对于优秀传统文化的传承重在学生运用语言文字进行表达，使评价提升语文素养。

综上所述，传统文化的弘扬并非在一朝一夕，它需要每一位教师与学生的共同努力，才能够培养出优秀的文化接班人。与此同时，优秀的传统文化中蕴含着丰富的经验，能够为学生带来切实的效益，帮助学生解决在学习与生活中所出现的问题。因此，小学语文教师应该立足于语文学科，挖掘语文教材中的传统文化因素，引入优秀的传统文化知识，从而丰富学生的传统文化视野，让学生的审美得到提高，能力得到提升，实力得到增强。

第三节　传统文化中的小学语文文化经典导读

中外著名作家的优秀作品是我们学习语文的典范。小学语文教材选编了一定数量的名家名篇。接下来我们就从中节选一部分优秀作品进行赏析，品味作者赋予其中的所思、所感。

一、现代文名篇赏析

（一）鲁迅——《少年闰土》

《少年闰土》是从鲁迅先生的短篇小说《故乡》中节选的。《故乡》是鲁迅第一个小说集《呐喊》中的一篇，写于 1921 年 1 月，全文反映了从 19 世纪末到 20 世纪 20 年代，特别是辛亥革命后 10 年中国农村的社会情况。从篇幅上看，《少年闰土》不足《故乡》的四分之一。闰土，是《故乡》中的主要人物，是鲁迅笔下用了很大的心力写成的一个人物。在小说中先后出现过两次。先是少年闰土，后是中年闰土。中年闰土采用的是正面描写的手法，少年闰土采用了回忆的形式。

《少年闰土》使我们看到鲁迅先生塑造的一个非常可爱的知识丰富、聪明能干的农村少年的形象。闰土从少年到中年，两个形象，发人深省，催人思索。这是《故乡》的艺术魅力。而《少年闰土》，也从作者的角度，攀登上艺术的高峰。

（二）许地山——《落花生》

《落花生》一文发表于 1922 年，是五四时期许地山的代表作。文章以清新质朴的笔触，从落花生的常见而有用，讲到了做人的道理，颇有哲学意味，寄寓着对现实人生的感触。

文章开头就说屋后有"半亩空地"，母亲觉得"让它荒着怪可惜"，便提议"开辟出来种花生"，姐弟几个一听"都很高兴"，表示对这一提议的赞成和拥护。

作者只用"买种，翻地，播种，浇水"8 个字，便形象、简洁地概括了种花生的全过程。几个月后花生"居然收获了"，真实、贴切地表现了用自己辛勤劳动换来成果时的欢快、愉悦之情。

《落花生》的立意深刻而巧妙。它托物言志，深入浅出，言近旨远，读后使人深受教育与启发。文章用朴实无华的笔调，毫无铺张地叙述了自己童年生活的一个小小的片段。从种花生写起，到收花生、吃花生和议花生，文气贯通，紧扣题旨。文章的主题是阐述做人的道理，所以种、收、吃花生都是略写，只用简洁的文字把这些过程交代清楚。议花生是文章的重点，故笔墨详细，由吃花生很自然地过渡到议花生，并在赞美花生的时候，引出做人的人生哲理，"要做有用的人，不要做只讲体面（指金玉其外，败絮其中）的人"，言简而意深。

二、古诗鉴赏

（一）李白——《赠汪伦》

李白乘舟将欲行，忽闻岸上踏歌声。

桃花潭水深千尺，不及汪伦送我情。

古诗今译：我乘船扬帆将要出发，忽然岸上传来踏歌的响声。桃花潭的水啊，虽然深过千尺，哪里比得上汪伦送我的情深。

天宝年间，李白曾游览桃花潭（在今安徽省泾县西南），一个当地村民汪伦常拿酿造的美酒招待他，友情甚笃。李白临走时，他又和村人一起前往送行，这种真挚的友情，使诗人大为感动，于是写下这首著名的留别诗，以表达对汪伦的感谢，也显示了彼此间的深厚友谊。

诗的前两句叙述送别时的情状，展示出离别的画面。

"李白乘舟将欲行，忽闻岸上踏歌声。""将欲行"，将要出发，诗人在船上，将要启锚离开此地。起句点明诗人是循水道乘船而行。"踏歌",是古代民间的一种唱歌方式,多是节日集会时,人们手拉着手,成群结队,依脚步为拍节,边走边唱,边歌边舞。"忽闻",忽然听到,一个"忽"字表现出汪伦踏地唱歌前来送行,并不是事先的安排,而是非常出乎诗人的意料,既反映了汪伦对李白离去的依恋,也暗写出两人友谊之深。

"桃花潭水深千尺,不及汪伦送我情"二句,以潭水比深情,直接抒发友谊之情,并写出了送别的地点、人物与景物。据载桃花潭方圆百里,深不可测。"深千尺"是说潭水之深,并不是确指。"桃花潭水深千尺"既是描绘桃花潭的特点,又是借景抒怀。水深情更深,自然迸发出"不及汪伦送我情"的感激。用"深千尺"类比"送我情",使无形的友谊变为具体可感的形象,自然而又情真,句首冠之"不及"二字,又从反面衬托,使友谊显得更加深厚真挚,真可谓匠心独运,余味无穷。

这首诗,简洁而明快,语言朴素而精当,描述友情生动感人,深为后人赞赏。"桃花潭水深千尺,不及汪伦送我情"成为人们抒写别情的千古绝唱。

(二)张继——《枫桥夜泊》

月落乌啼霜满天,江枫渔火对愁眠。

姑苏城外寒山寺,夜半钟声到客船。

古诗今译:月亮慢慢落下,乌鸦暗声阵阵,秋霜铺天盖地,愁绪万千如潮。岸上枫树飒飒,江中渔火点点,苏州城外寒山寺,夜半钟声清凄,悠然传到客船。

这是一首历代传诵的名篇。

诗的首句"月落乌啼霜满天",连用3个短语,描写了夜色中的3个镜头:月落、乌啼、霜满天。"月落",指月亮沉落,阴历每月的上半月,月亮出来得早,半夜就落下去。说明时交夜半,夜色幽暗。"霜满天",意为出现了漫天的白霜,寒气弥天漫地,点明时值深秋。用"霜满天"写秋天的霜雪加浓了秋夜的寒意。残月的余晖和满天白霜相映衬,呈现出一派迷蒙的深秋夜景,使人感到分外清冷。再加上从树林中传来的乌鸦暗叫声,为深夜又增添了一重凄凉和忧伤。三个短语并列连缀,形象地勾勒出深秋夜晚的环境,把读者带入一个空旷静谧的氛围之中。

"江枫渔火对愁眠",紧承前句景色描写,并把画面进一步展开,写泊船附近的江面。"江枫",指枫桥江边的枫树。

"渔火",是写渔船上闪烁的灯火。江岸上,枫叶如火,隐约可见;江面上,渔火点点,忽明忽暗。这本来是很美的。然而对于长途远行,出门在外的人来说,此情此景却很容易感到秋意的萧瑟,那明灭的渔火又好像发愁的眼睛,与人相伴。

本来就被幽怨缠绕的诗人，面对江枫渔火，相对无言，更增加了愁绪。"对愁眠"由景及人，点出了夜半难眠的原因。

"姑苏城外寒山寺，夜半钟声到客船"，写诗人在似眠未眠的状态中听到传来的寺院钟声。"姑苏城"，即苏州，因境内有姑苏山，又称姑苏城。"寒山寺"，是枫桥附近的古寺。传说因唐代名僧寒山居于此寺而得名。"姑苏城外寒山寺"，成为全诗意境的有机部分。诗人在怅惘忧思之中，又听到传来的午夜钟声，这钟声划破深夜的寂静，透过黑暗，越过江面，传到客船，不管爱听不爱听，总是声声不断，萦绕在耳。辗转难眠的诗人，自然会倍增一层冷寂和愁绪。因此"夜半钟声到客船"一句，使诗的意境达到了升华，在一片静寂的环境中，给人最突出的印象，至此，将诗人愁情思绪一层深一层地抒写无遗。诗句至此而止，没有显露诗人自己的任何主观评价，却将愁情思绪抒写无遗。枫桥夜泊的愁绪究竟是为什么？不同经历的读者几乎都可以品味到各自的情趣，让人觉得有余音回荡之感，启人遐想。

这首诗只在"对愁眠"中点明"愁"字，此外专写景物衬托。从半夜钟声到月落乌啼，说明诗人一夜不眠，正写旅愁。月落霜天的寒凉凄寂，加上江枫渔火不同色彩的交织，和乌啼钟声组成了有声有色的一种幽冷境界，含蓄地烘托出羁旅哀愁。以景为主，情景交织融合，有浓郁的抒情效果。

（三）苏轼——《题西林壁》

横看成岭侧成峰，远近高低各不同。

不识庐山真面目，只缘身在此山中。

古诗今译：横看是峻岭连绵，侧看是群峰高耸，从远近高低各处观望各不相同。为何看不清庐山的真实面目，只是因为置身于这座深山之中。

《题西林壁》是苏轼于宋神宗元丰七年（1081年）游览庐山时写的一首七绝。"西林"是庐山上的一座佛寺，位于江西省九江市庐山西北麓，是庐山有名的游览胜景之一。"题"，是书写的意思。"壁"，即墙壁。庐山的雄伟神秀是古已称道的，庐山是人们非常神往的游览胜地。诗人如愿以偿，欣喜之中写出自己游庐山的观感。《题西林壁》艺术地阐明了一条深刻的人生哲理，以一种理性的韵致和思辨的力量赢得了人们的喜爱，被推为宋诗"理趣"的代表作。

以前的诗人往往停留于以抒情写景的方式去表达自身的感受，而苏轼的诗篇却表现出独特的艺术风格。"横看成岭侧成峰，远近高低各不同"这两句写庐山的景色。"横看"，从正面看，"侧看"，从侧面看，岭和峰都是山的通称，"岭"字有挺拔不阿的气势，"峰"

字有具险峻奇峭的特征。诗人没有借助比喻、拟人、夸张的手法对庐山进行穷形尽相的描绘，而是通过自己的主观感受来表现庐山这一客观事物。庐山之大，随着诗人观察角度的变化自然呈现出不同的风貌，横看成岭、侧观为峰的描写，以极其精练而传神的笔法勾勒了庐山的奇峻和非凡气势。正面看去，是重岭叠峰，连绵起伏，侧面望去，又是峻拔险要、高耸天际。一正一侧，呈现出各种不同的观感，给读者以无穷的想象，庐山的壮美不只是雄伟秀拔，在诗人的笔下，似乎又带上一种神奇迷幻的色彩。然而，诗人并没有写出这种"各不同"的具体内容，笔锋突然一转，就庐山的变幻多姿的神妙景观抒发出自己的议论，"不识庐山真面目，只缘身在此山中"。"只缘"，只因为，表示原因。"真面目"，是说本来的面目。雄伟峻拔的庐山到底是怎样的呢？无论"横"看，还是"侧"看，是远望还是近观，总未能穷尽庐山之胜，诗人认为不能真正看清庐山本来面目的原因，在于身处庐山之中，远近、高低的各种条件限制，见到的始终只是庐山的一个局部，能够看到庐山整体、认识它的"真面目"，只有登临更高、更远的地方。表面看来，这两句诗写的是看山的道理，然而却蕴含着更普遍、更深刻的哲学思想，即：由于人们所处的地位不同，看问题的方法不同，因而对客观事物的认识也就必然产生片面性，只有摆脱各种局限才能正确认识事物、了解其本质。

诗人借观山所感，深刻阐明这样一个朴素的哲理，新颖而透彻，给人以深刻的启迪。

"以议论为诗"是宋诗的一个特点。《题西林壁》这首诗把景和理、形象和议论有机地结合起来，产生了诗情和哲理水乳交融的艺术效果。前两句描写形象，言简而传神，后两句哲理议论，画龙点睛，抽象的哲学道理寄寓于具体的、特定的形象之中，既有诗的神韵，又使读者得到思想启迪。

流畅的语言、朴素的哲理，写出了人们观山的普遍感受，因而产生了震慑人心的感染力量。"不识庐山真面目，只缘身在此山中"成为广为传诵的名句。

第四章 传统文化融入小学语文教学的内容及主体要求

国无德不兴，人无德不立。在对待中华民族传统文化道德价值观方面，我们不能有"懒汉思维"。小学是学生价值观和世界观初步发展的时期，所以我们要在小学语文教学中及时渗透传统文化，这样才能奠定他们的文化底蕴，为进一步培养学生全面素质的提升奠定基础。那么，我们应该如何将传统文化融入小学语文教学中呢？下面结合教学实践进行分析和探索。

第一节　传统文化融入小学语文教学的内容

一、集中识字

（一）识字的多种方法

中国传统语文教育在识字教学方面有很丰富的经验。陆定曾指出，唐代六七岁的孩子有很多能够写文章。能写文章，前提是认识一定数量的汉字，这是不言而喻的。因此，唐代的一些孩子六七岁就认识了相当数量的汉字。

传统教学中，识字有各种不同的方法。"认字块"就是一种方法。梁实秋当初就是从"认字块"开始学习汉字，他说："我在六七岁的时候就开始描红格子，念字号。所谓'字号儿'就是小方块纸，我父亲在每张纸片上写一个字，每天要我认几个字，逐日增加。"① 赵元任也是从认字块开始学汉字。他回忆说："我差不多 4 岁开蒙——开蒙就是小

---

① 　梁实秋. 秋室杂忆［M］. 北京：中国工人出版社，2012.

孩儿起头儿认字念书的意思。我最早是我母亲给我认方块儿字，大概一寸半见方，一面儿写字一面儿画画儿的纸块儿。比方这面儿写'人'字，那面儿就画个人，这面儿写'树'字，那面儿就画一棵树。"① 吴中杰童年时也是这样："母亲是小学教师，她对我的教育抓得很紧，很早就教我认字块，那是每张约一寸见方的小纸块，一面是字，一面是画，插在一张铁皮片上认，倒也很有趣，所以在入学之前，我已经认得许多字。"② 作家冯英子曾回忆自己童年识字的经历："老师把我叫到他坐的八仙桌前，拿出用红笔写好的天、地、日、月4个字，开始教我认字了。他教我这4个字的读音，叫我记住，连续读几十遍，第二天要背给他听，再教我新字……不用多少时间，我就把这4个字读熟，而且背诵如流了。第二天老师又教我4个新字。那一年从清明节到年底，我一共读了300个方块字。"做好一个个的小字块儿，一面是字，另一面是画，教儿童认识这些字，这是认字块通常的做法。这种做法，有时会有不错的效果，不过也容易让儿童形成对"画"的依赖。而有些字很难画出来。赵元任回忆当时的情形时就说："'有'字，'好'字怎么画法儿我就记不得了。那时候一念书就全是念文言。那么'之，乎，者，也'，那些字块儿的反面儿又怎么画呢？我记得好像有些字块儿反面儿压根儿就让它空着的。"他说："有些字我不喜欢认，老学不会，就是因为背后没画的缘故。"还有一点，就是这样识字自然是一个一个地认识孤零零的汉字，认字多了，难免枯燥。因此，这不是传统教育识字的主要方法。

传统教学用《三字经》《千字文》以及《百家姓》来教汉字，这是识字教学的主要方法。邓云乡指出："私塾教育由识字开始，到学会作八股文，这个教学进程是如何安排的呢？一是识字，由认方块字起，一般几个月或半年之后，读等于是识字课本的'三、百、千'、《名贤集》《神童诗》、各种《杂字》（如《五言杂字》《七言杂字》等等）。这些识字课本有一个共同的特点，即句子短，句子整齐，四声清楚，平仄互对，音节易读……朗朗上口，很快读熟，句子读熟了，字也记牢了。充分利用了汉语、汉字单音、四声音节的特征，充分发挥了儿童时期记忆力特强的特点，也充分避免了儿童时期理解力差的缺点。突出记忆力的发挥和锻炼，这是我国2000多年以来汉字启蒙教育最有效、最成功的特点。"

学生在熟读、背诵篇章的过程中，不仅认识了字形，而且能够了解字的含义。并且，由于字词是在阅读中反复遇到的，又是通过背诵而让整篇著作、文章烂熟于心，每个汉字的出现都有其上下文，因此，学生就能够了解这些汉字的多种含义。

---

① 赵元任. 赵元任早年自传［M］. 南宁：广西师范大学出版社，2013.

② 吴中杰. 从方块字开始［M］. 上海：华东师范大学出版社，2007.

周振甫曾研究过传统语文的识字问题。他了解到，古人似乎很容易就能识字读书：

我们翻开《唐才子传》，在《王勃》传里，说："六岁善辞章。"他六岁已经会写诗文了。当时的诗，就是古诗、律诗、绝诗，当时的文，即古文、骈文。六岁怎么就会写这样的诗文呢？再看《骆宾王传》，称"七岁能赋诗"；《李百药传》称"七岁能文"；《刘慎虚传》，"八岁属文上书"，类似的记载还有不少。换言之，在唐朝，七八岁的孩子不仅会读懂古文、骈文、旧体诗，还会写古文、骈文和旧体诗。是不是当时的人特别聪明呢？不是的。我们再看近代人，如康有为，"七岁能属文"。梁启超"六岁毕业五经，八岁学为文，九岁能日缀千言"（见钱基博先生《现代中国文学史》）。可见古今人的聪明是相似的。那么，不论唐代人或是近代人，他们从小就能读懂古文，不仅会读，还会写古文和旧体诗。为什么现在人读懂古文会成问题呢？这当跟读法有关。

我曾经听开明书店的创办人章锡琛先生讲他小时的读书。开始读四书时，小孩子根本不懂，所以老师是不讲的。每天上一课，只教孩子读，读会了就要熟读背出。第二天再上一课，再教会孩子读，熟读背出。到了节日，如阴历五月初五的端午节，七月七日的乞巧节，九月九日的重阳节，年终的大节，都不教书了，要温书，要背书。如在端午节把以前读的书全部温习一下，再全部背出。到年终，要温习一年读的书，全部背出。……因此，像梁启超的"六岁毕业五经"，即六岁时已把五经全部背出了；所以他"九岁能日缀千言"。因此，《唐才子传》里讲的"六岁善辞章""七岁能赋诗"……也就不奇怪了。

周振甫接着说道：

我向政协委员张元善老先生请教，问他小时怎样读书的。他讲的跟章锡琛先生讲的差不多，他说开始读时，对读的书完全不懂。读了若干年，一旦豁然贯通，不懂的全懂了，而且是"立体的懂"，它的关键就在于熟读背出，把所读的书全部装在脑子里。假如不是熟读背出，把所读的熟书全部装在脑子里，读了一课书，记住了多少生字，记住了多少句子，这只是"点线的懂"。记住的生字是点，记住的句子是线。点线的懂是不够的。因为一个字的解释在不同的句子中往往因上下文的关系而有变化，一个字在不同的结构里会有不同的用法，记住了一个字的解释和一种用法，碰到这个字的解释和用法有变化时就不好懂了……把一部书全部读熟就不同了，开始读时不懂，读多了渐渐懂了。比方读《论语》，开始碰到"仁"字不懂，"仁"字在《论语》中出现了104次，当读到十几次"仁"字时，对"仁"字的意义渐渐懂了，当读到几十次、上百次时，对"仁"的意义懂得更多了。因为熟读背诵，对书中有"仁"的句子全部记住，对有"仁"字的句子的上下文也全部记住，对于"仁"因上下文的关系而解释有变化也罢，对有"仁"字的词组因结构不同而用法有变化也罢，全都懂了，这才叫"立体的懂"。①

先记忆，后理解，通过熟读、背诵，让全篇文字烂熟于心而真正懂得每一个字词的确切含义。随着人的成长而对经典的含义有深刻的认识，这就是传统的读经方法，也是中国传统语文教育主要的识字经验。

所谓"立体的懂"，懂的是汉字的多方面的意义。王佐良曾说："一个词不仅有直接的、表面的、字典上的意义，还有内涵的、情感的、牵涉许多联想的意义。一句话不只是其中单词的意义的简单综合，它的结构、语言、语调、节奏、速度也都产生意义。一词一句的意义有时不是从本身看得清楚的，而要通过整段整篇，亦即通过这个词或这句话在不同情境下的多次再现才能确定。"可见，真正认识一个字，了解这个字的多方面的含义，必须通过大量的阅读。

维果茨基也早就讲过类似的看法："词的现实意义是非永恒的。在一个操作里词表现表达一个意思，可在另一个操作里又可能获得另一个意义。""词从它所在的上下文里获得和吸收智力上和情感上的内容，从而表示的东西比孤立的一个词和脱离上下文时所表示的东西要多一些或少一些。多一些是因为它的意义范围在扩大，获得一系列充满新内容的层次。少一些是因为词的抽象意义受到该上下文所表示的意义的限制，从而变得狭隘。"因此，"词只有在句子中才能获得意义，但句子本身也只有在文章段落的上下文中才能获得意思。而段落则在书中，而书又在作者的全部创作中获得意思。每一个词的真实意思最终是由存在于意识中的，与该词表达的意思有关的全部丰富的内容所决定的。"②

因此，认识字词，只依靠字典、词典是不行的。因为字典、词典中对字词的解释，只是一种抽象的、概括的解释，解释的是字词的"贮藏义"，没有也不可能对字词的情感、韵味等做详细的解释。按朱光潜的说法，字典、词典里的字词是"死文字"。他说："语言的生命能够全在情感和思想，通常散在字典中的文字都已失去它们在具体情境中所伴随的情感和思想，所以没有生命。文字可以借语言而得生命，语言也可以因僵化为文字而失其生命。活文字都嵌在活语言里面，死文字是从活语言所宰割下来的破碎残缺的肢体，字典好比一个陈列动物标本的博物馆。比如'闹'字，在字典里是一个死文字，在'红杏枝头春意闹'一句话里就变成一个活文字了。"依赖字典不行，把字词从文章、著作的整体中单独地拿出来进行所谓"字词训练"，也没有多大意义。识字的最好办法，不是一个一个地认识字词，而是要通过篇章的熟读来认识和真正掌握字词。

---

① 周振甫. 怎样学习古文 [M]. 北京：中华书局，1992.
② [苏联] 维果茨基. 维果茨基教育论著选 [M]. 余震球选译. 北京：人民教育出版社，2005.

朱光潜在讲到外语学习时曾说："我常看见学英文的人埋头读字典，把字典里的单字从头记到尾，每一个字他都记得，可是没有一个字他会用。这是一种最笨重的方法。他不知道零星的单字是从活的语文（话语和文章）中宰割下来的，失去了它们在活的语文中与其他字义的关系，也就失去了生命，在脑里也就不易活。所以学外国语，与其记单个词语，不如记整句，记整句又不如记整段整篇，整句整段整篇是有生命的组织。学外国文如此，学其他一切学问也是如此。我们必须使所得的知识具有组织，有关系条理，有系统、有生命。"

朱光潜又说："过去初学入门，往往离开'义'而单讲字，一般叫作'生词'。教学规划常把每年记住几千几百个单词，定为第一项任务，仿佛单词记得越多，外语水平也就越高。过去我有一个老同学学英语，整年整月地抱着一本字典死记硬背，到头来外语还是没有学通。近年我在校园里散步，常有热心学外语的同学碰到我就问：'生词老记不住，咋办？'我的回答总是很干脆：'记不住就不记呗！'对付生词就像对付陌生人的面貌，你碰见一个陌生人，下定决心要把他记住，盯着他看一天两天不放，就能把他记住吗？他是一个活人，你要记住他，就得熟悉他的生活，看他怎样工作，怎样聊天，怎样笑，怎样穿衣吃饭，如此等等，久而久之，你自然而然地熟悉他，知道怎样去应付他了。每个生词都不能孤立地得到意义，在很大的程度上它是由上下文的关联才得到它的确切意义。"朱光潜这里说的是外语的学习，其实，也适用于母语的学习。无论是外语还是母语的学习，生词都不能"孤立地得到意义"；需要将其置于"上下文的关联"中，才能掌握其意义。

传统语文教育的识字教育，主要是通过阅读、背诵篇章来进行的。即把"三、百、千"等全文背诵下来，让文中的那些字词、句子清晰地保留在头脑中，这些字也就认识了。被称为民间大儒的崔元章先生，谈到读书时就讲：

读书时什么都不想，读一句，心里记一句，实际上就如同照相，照一遍又一遍，把书的内容都照到心里，把书的内容照得清清楚楚。比如书的字是一行一行的，你要是把书背熟了之后，你就会想着这一行的头一个字是啥字，后面的字是啥字，就会有这个印象。所以说读书的时候要耐心，不要着急，读到一定程度自然而然就会背了。

读经的过程也是识字的过程，经书读熟了，背诵下来了，其中的字也都认识了。

日本的汤川秀树回忆自己童年时通过阅读经典而认识汉字：

我出生的家族在祖父那一代及以前都是医生或儒学者世家。所以，在我还没有入小学之前，就给我教授各种汉学书籍，如《论语》《孟子》及其他一些中国典籍。当然，这是没有入学前的五六岁的事情，所以，所读书籍的内容意义自然是不懂了。但是，还是将写有大个字体的汉学书籍在我面前打开，然后一个一个字地边写边读地教我。对此，我也仅仅是随着朗读而全然不知其中的意思。这情况持续了几年，我在这一段期间已经学习过全部主要的汉学经典了。

在当时，我自己并不知道这种教授方式到底有什么效果，有多大的意义，只不过是随便地跟着学习而已。就这一点来说，也是非常痛苦的。偶尔在读书时，眼泪也会扑簌扑簌地掉到书本上。但是，其后当我进入初中、进入高中、长大成人之后，再回过头来思考，才开始明白这种学习所产生的真正效果。那就是，我在学校里学习汉字时感觉到非常的轻松。因为，我在不知不觉中掌握了汉字，所以在阅读包括许多很难的汉字的书籍时，就一点也不觉得困难了。即使是学习汉文文章，也比其他人感到有兴趣得多。[1]

汤川秀树说得很明确，他是在熟读和背诵经典时，"在不知不觉中掌握了汉字"。这就是阅读经典而识字。

从上面的叙述中可以看到，传统语文教育的识字教学大多不是"单独"进行的。经张志公的研究，一般认为传统语文教育有一个"集中识字"的阶段，这种说法虽也有一定的根据，但并未准确概括传统识字教学的特点。因为这一阶段并不仅仅是识字教学。学生背诵了"三、百、千"以及多部经典，数十篇、数百篇优美的诗文烂熟于心，脱口而出，这些作品中的文字自然而然就认识了。

实际上，传统语文教育还有一个过程，即由"声"到"形"的识字法。就是说，有一些儿童首先是听父母的朗诵，而把某一些诗篇整体地记住。自然，这时他们只是知道这些字的读音，但并不认识这些字的"形状"。后来他们有机会接触这些文本，就可以认识这些字的字形了。《浮生六记》就有一个这样的例子。书中的陈芸，原来是不认识字的形状的，她只是背诵了诗篇。

陈名芸，字淑珍，舅氏心余先生女也，生而颖慧，学语时，口授《琵琶行》，即能成诵。四龄失怙，母金氏，弟克昌，家徒壁立。芸既长，娴女红，三口仰其十指供给，克昌从师，修脯无缺。一日，于书中得《琵琶行》，换字而认，始识字。刺绣之暇，渐通吟咏，有"秋侵人影瘦，霜染菊花肥"之句。

陈芸没有老师，而且整日要刺绣、缝缝补补养家活口，可她硬是全靠自己，学会了读书识字。她先是在学说话的时候，就像学唱歌一样，通过跟读，背熟了《琵琶行》。后来，她自己在书簏子里翻到一本书，里面有《琵琶行》，她按照自己的背诵，一个字一个字地认，就识字了。

这是一种比较特殊的识字法：先背诵下来，背诵的时候，并不认识其中的字。然后找

---

① ［日］汤川秀树. 人类的创造［M］. 那白苏译. 石家庄：河北科学技术出版社，2002.

到作品，按照自己的背诵，一个字一个字地认，就识字了。陈芸的识字方法也许有点极端，但在儿童的教育实践中，也不妨试一试。

（二）现当代语文的识字问题

现代的学校语文教育，放弃了传统语文教育的经验，让本来不是问题的识字教学成了问题。首先表现在低年级识字量过少。

民国时期新式学校的语文教育中，识字就已经成为问题，首先是识字量太少。郑国民考察了民国时期的五种小学教材，统计了这五种教科书 1~4 册的生字数，结果是：《新国文》（商务印书馆 1911 年出版）共有生字 1319 个，《新体国语教科书》（商务印书馆 1919 年出版）是生字是 1000 个，《新学制国语教科书》（商务印书馆 1923 年出版）的生字是 1075 个，《国语读本》（中华书局 1923 年发行）是 1170 个，《国语读本》（世界书局 1933 年出版）是 1055 个，大致是 1000 个。

20 世纪后期的小学识字要求如下。1963 年大纲：小学总识字量 3500 个；一年级 750 个，二年级 850 个，共 1600 个。1978 年大纲（十年制）：小学总识字量 3000 个左右；一年级 700 个，二年级 1000 个，共 1700 个。1986 年大纲：小学总识字量 3000 个左右；一年级 650 个，二年级 900 个，共 1550 个。1992 年义务教育大纲：小学总识字量 2500 个左右；一年级 400 个，二年级 750 个，共 1150 个。《语文课程标准》：小学累计认识 3000 个，其中 2500 个会写。第一学段认识 1600~1800 个，其中 800~1000 个会写。可见，识字量最少的是 1992 年的大纲，两年语文教学中只要求认识 1150 个汉字。最多的是《语文课程标准》要求的 1600~1800 个。

这一识字量是大大低于传统教学的。传统语文教育在一年左右的时间让学生认识 2000 个左右的汉字。然后即进入阅读过程，阅读经典以及大量阅读小说。但现代语文教育却做不到这一点。

但这样的识字量，却引来一片质疑的声音。许多一线教师都认为识字量太大。2011 年，广西壮族自治区政府和教育厅等单位组织的"义务教育课改十周年"调研组，到南宁市十四中初中部、南宁市天桃实验学校小学部等学校调研，了解课程改革实施情况。教师也反映，小学低年级的语文教材要求识记和书写的汉字数量过大，给部分学生造成了一定压力。

由于有这样的呼声，有些地方降低小学生识字的要求，减少识字量。如 2007 年 8 月 22 日，上海市教委出台了《上海市小学一、二年级课程调整方案》，其中"语文篇目减少 35 篇。识字量减少 400 字，写字量减少 100 字，2000 个识字量的学习时间从 2 年调整为 3 年"。

这就是说，传统私塾教学用一年时间完成的识字教学任务，现在需要 3 年。而 2013 年 9 月，上海市进一步降低一年级学生的识字量。通过删去 8 首古诗，把识字量从 353 个减至 296 个，写字量从 296 个骤降至 118 个。

小学生识字过晚，识字量太少，不仅造成语文能力差，也影响了其他课程的学习。学生上思想品德课、算术课以及音乐课，都因为识字量太少而感到困难。有人讲述了这一情况："每年秋季开学，一年级的小学生怀着美好的憧憬，背着崭新的书包来到学校，走进教室，开始学习各门课程的时候，他们的一腔热情，碰到的却是一道道难以跨过的高高的门槛。这就是'字'的门槛。品德与生活课。打开课本，首页上是一封《给小朋友的信》，连同提示的标题，共 246 个字。这封给小朋友的信，小朋友们如何读呢?"课本里"还有两首要求会唱的儿歌，每首儿歌各 4 句。语文课上一个字还没有教，学生更不会写字，这课怎么上呀!""音乐课的课本里有歌曲《大雨和小雨》：'大雨哗啦啦，小雨淅沥沥，哗啦啦，淅沥沥，小草笑嘻嘻。'可是因为不识字，音乐课本看不懂，歌词不会念，歌曲从何唱起呢!"

对这种情况，教师"为此伤透脑筋""一肚子苦水"。数学老师讲："我们数学老师，首先要当语文教师，教学生识字。"而在对家长的问卷调查中，79.5%的家长说：辅导孩子数学，最大的障碍是，课本上的很多字，孩子不认识。他们说："课本上的那些数学知识，孩子在生活中早就知道了，而且在幼儿园里也都学过了。他们学习的困难，都是由于识字量跟不上造成的。"而学生也因为不识字、识字少，看不懂题意，不知道题目怎么做而厌学。

2014 年，有记者报道："今年秋季开学，上海市教委推行'零起点'教学，对小学一年级第一学期语文教材'动手术'，删繁就简。""原来的语文教材正文有 186 页，新版教材只有 122 页。新学期来临，上海小学一年级新版语文课本比旧版明显'瘦身'。让不少人感到惊讶的是，旧版教材中'古诗诵读'的 8 首古诗被全部删除。"而这样做的原因，竟然是为了"减轻学生过重的课业负担"："上海市现行的小学语文教材，是根据 2004 年版《上海市中小学语文学科课程标准（试行稿）》编写的。教材组发现，由于编写持续时间较长，教材存在一些不足，特别是低年级学生的学业负担较重，如课文篇目过多、部分课文篇幅过长、带读字过多、教学时间过紧、教学要求被随意拔高等。""为此，教材组对 2014 年度小学语文第一册教材进行了修订。"新版课本与旧版相比，课文篇目总数从 45 篇减至 40 篇，识字量从 353 个减至 296 个，写字量从 296 个骤降至 118 个。具有单元练习性质的"快乐语文宫"从 7 个减为 6 个，原有的 8 个"古诗诵读"内容被整体删除。旧版的语文教材中，每个单元末尾都设置了"古诗诵读"环节，共收录了8首五言绝句，分别为《画》《草》《登鹳雀楼》《寻隐者不遇》《悯农》《夜宿山寺》《江雪》和《梅花》。此外，"快乐语文宫"中以"读一读，看谁先把文中的古诗背出来"的形式，呈现了《静夜思》和《咏鹅》，加起来教材中共有10首古诗。而在新版教材中，"古诗诵读"环节的8首诗和《静夜思》不复存在，整本书中仅剩单元练习中的《咏鹅》一首古诗。上海市把8首古诗全部删除这件事，引发了社会的关注和议论，也受到了批评。但他们的原意，只是为了减轻学生的负担，特别是想减少学生的识字量。"识字量从353个减至296个，写字量从296个骤降至118个。"

在此之前，已经出现识字不断减少的现象。这让有识之士感到忧虑。2007年8月，上海市教委出台《上海市小学一、二年级课程调整方案》时，语言学家潘文国即说道："看到这则报道，我的第一直觉就是，上海地区的中文危机看来还将延续一代！""从语文课作为所有学科的工具课角度讲，由于识字少引起的阅读能力差，这将拖累小学全部课程的学习。如果从人的发展来看，如果专家说的，具备自由的阅读能力的下限是识字2500字，是正确的，而这一任务要到小学四年级才能完成，那么这就意味着小学生在四年级以前除教材外将无书可看，也许正好为网络游戏的侵入和动漫的蔓延大开方便之门，中国人的阅读年龄将再一次往后延伸。"潘文国讲到的识字太晚，"意味着小学生在四年级以前除教材外将无书可看，也许正好为网络游戏的侵入和动漫的蔓延大开方便之门"，确实是值得注意的。

识字教学出现的问题，首先是源于西化的观念。对此，郑国民讲："从清末开始，识字教学的理念发生了明显的变化，原本带有汉语言文字特色的识字教学思路被当时认为具有普适性的理念所代替，所谓普适性理念是指当时很多人借鉴外国的经验，识字要做到认、讲、写、用。促使发生变化的主要根源是西方教育理论开始渗透、落实于微观的教学实际中。注重学习兴趣，注重理解与运用，强调所学的即是所用的。遵循这样的理论，识字教学必然走认、讲、写、用齐头并进的道路，即后来人们所熟知的识字'四会'。""每学一个生字都要练习组词、造句。大量的组词、造句练习充斥整个教科书，认为只要学生会用一个字组词并造句就会用这个字。从而大量地占用学习时间，语文学习效率低下。"潘文国对此有更具体的分析："废科举、兴学校以后'三、百、千'的教材自然无法再用，《百家姓》这类必须采取死记硬背而不能在理解的基础上记忆的教学法更是违背科学，语文启蒙教育突然没了方向，于是义无反顾地采取了西方语文教育的方法。首先改'集中识字'为'随文识字'，改'读写分开'为'读写一致'，会读、会写、会认要同步。这就要求为学生编选适合学生认知水平的浅易教材。""这一方法的改变带来了严重的问题。

首先是为了适应读写同步与汉字难记难写的矛盾，不得不一再降低课文的难度，减少汉字的数量，其结果是：（1）教材的深度跟不上孩子智力的发展，很大的孩子，还不得不学一些只适合幼儿的故事……学生学起来很没劲。（2）对学生识字量的要求不断降低，出现了我们前文提到的将 2000 字分 3 年完成的计划，严重地滞后学生的语文学习。"

在识字教学的要求方面，新的课程标准稍做调整，把"四会"调整为"会读，会写，了解字词在语言环境中的意思，逐步做到能在口头和书面表达中运用"。但这也与旧标准没有太大的区别，而且，在教学实践中，许多教师出于应试的考虑，仍然是要求学生做到"四会"。在语文教育教学领域中，"改革"的口号呼喊了多年，但真正的有价值的改革，推行起来却非常困难。

二、读写基础

传统的语文教育，在启蒙阶段的集中识字和进一步的识字两个教学步骤之后，大致在儿童入学的第三个年头（有的还早些），进入以读写基础训练为主的第二阶段。在这个阶段，一般的做法是：开始教学生读四书五经；配合读经，教学生阅读简短的散文故事和浅易的诗歌，教学生学对对子，有的还教给学生一点极浅近的文字、音韵的知识。前边说过，读经的目的主要不在于进行语文教育，并且仍然为时过早，对于培养语文能力，客观上所起的作用也不大；因此，我们还是不把读经包括在当前这个题目之内。这里所要探讨的是其余的几个方面。

（一）阅读散文故事

经过第一个阶段的教育，学生认识了两三千字，知道了一些名物、掌故，应该说，已经初步具备了进行阅读教学的基础。然而，从三字头、四字头的整齐韵语到内容复杂、词句错综的文章，这中间仍旧需要一个过渡。前人让散文故事担负了这个过渡的任务。

散文故事已经用散体，不再用韵语，不过内容都很简单，一则只讲一个小故事（有的并且是读蒙求书的时候学过的），篇幅很短，最短的只有三四句话，二三十个字。可以说，这是一般记叙文章的一种雏形。

散文故事书的起源也很早，下边举两种有代表性的为例。

1. 名物掌故

这是为儿童编写的故事书中最早出现的一类，以介绍常用的典故、成语中所包含的故事出处为主。揆其用意，最初可能是为的给蒙求书做注解，以便查考，同时借此使儿童初步接触一点文言散文。

（1）《书言故事》。宋胡继宗编，倪灿《宋史·艺文志补》著录，现存明刊本和清初刊本。按天文、时令、地理等分类，先举出典故或成语，有的直接指出出处，征引原文，有的叙述几句，不引原文，也有的先加解释，后引原文。引原文的，有时稍加修改、删节，并加注释，使之比较易懂。如：

[忧天崩坠]（列子）杞国有人，忧天坠，身亡无所寄，废寝食者久。有晓之者曰："天，积气也，奈何忧崩坠乎！"于是其人甚喜。

[守株待兔]（韩非子）亲人有耕者。田中有株，兔走触之，折颈而死。因释耕守株，冀复得兔。（冀，音计，希望也。）

[桃李之言]李将军名广，恂恂如鄙人，口不能出辞，及死之日，知与不知，皆为流涕。谚俗语也曰："桃李不言，下自成蹊。"（恂恂，信实之貌；蹊，音溪，径路也。桃李不能言，但花开子熟，人自至其下观花摘子，以踏成径路也。）

（2）《白眉故事》。大致与《书言故事》的性质相同，不过包罗更广，分类更细，几乎成了一种成语典故辞书，可备查考，不能作为初学读物了。

2. 人物故事

这一类以介绍历史人物故事为主，是专为作为儿童读物编写的。大致起源于元代。

（1）《日记故事》

朱熹《小学》引杨亿的话，说：

童稚之学，不止记诵。养其良知良能，当以先人之言为主。日记故事，不拘今古，必先以孝悌忠信、礼义廉耻等事，如黄香扇枕，陆绩怀桔，叔敖阴德，子路负米之类，只如俗说，便晓此道理，久久成熟，德性若自然矣。

杨亿、朱熹倡导教给儿童一些故事，目的在于向孩子们进行封建思想的教育，而客观上，他们的倡导对于进行语文教育起了一定的作用。元代人虞韶，根据杨亿的意思编了一部故事书，并且就用他的话，定名为《日记故事》。虞韶的书，《补辽金元艺文志》《补元史艺文志》都有著录，不过今天所见到的都是明代以后的人改订过的本子。最早的是明嘉靖二十一年（1542年）熊大木校注本，其次是万历十九年（1591年）郑世豪刊本，再就是芝兰室刊本；清初又有尺木堂本（附在康熙《御制百家姓》后边）和王相增注本。所有后起的本子大致都以虞韶原本为基础，不过所收故事的数量不同，编排不同，注解详略不同而已。嘉靖本的分量比较大，共分50多类，将近300个故事；芝兰室和尺木堂的比较少，大约有嘉靖本的半数；王相增注本又多些，共分31类，238个故事。故事内容，宣扬封建礼教的居多，如"二十四孝"故事，每种本子都有，后来并且有单印这一部分的；其次是劝勉力学的故事，如《三字经》和《蒙求》都讲到过的囊萤、映雪、挂角，等等；

此外，也包含一些比较有趣、能启发儿童智力的故事，如司马光破瓮救儿之类。故事都很短，大部分在百字以内，多数是编者自己写的，不是照抄古书。如：

①磨杵作针

【唐】李白，字太白，陇西人。少读书，采成，弃去。道逢一老妪（yù）。磨铁杵。白问："将欲何用？"曰："欲作针。"白感其言，遂还卒业。

②神色不异

【后汉】刘宽（字文饶，弘农人）温仁恕爱，虽在仓卒（急迫之时），未尝疾言遽色。桓帝朝为廷尉。夫人欲试宽，令恚，怒也。乃俟当朝会时，装严已讫，（穿朝衣整齐已毕）。使侍婢捧肉羹，翻污朝衣。宽神色不异，乃徐言曰："羹烂汝手乎？"

（2）《蒙养图说》《日记故事续集》和《二十四孝图说》。这是几种专讲封建伦常故事的书。《蒙养图说》，明陶赞廷编，用白话解说故事，每个故事有一幅图，这种编法原是一个进步，可惜它的内容使它丧失了价值。《日记故事续集》，清人编，署名寄云斋学人，内容比前者更糟。《二十四孝图说》，清慎独山房刊本，不题编者，插图技术很工细，而内容只是"二十四孝"，一无足取。这些，可以说是只取了《日记故事》的渣滓，是古代儿童故事书的糟粕。

（3）《童蒙观鉴》。清丁有美编，有乾隆三十六年（1771年）刊本。全书分"志学""孝友""高洁""智识""才力""颖敏"6类，总共649个故事，多数取之于史传，也有不少取之于小说等文学作品，有的经过改写，字数一般比《日记故事》略多，但也在百字左右，超过150字的很少。有注释。庞杂，是它的缺点，但是总的说来，内容确比《日记故事》丰富。下边举几则作例。

李戡，字定臣，幼孤。年十岁，好学不福，拾薪自爨，夜无灯火，即闭目默诵日之所记。

管宁幼与华歆同席读书，有乘轩冕过门者，歆辍书出观。宁与割席分坐，（古人席地而坐，如毡毯席垫之类）。曰："子非吾友也。"

虞寄，少聪慧。年数岁，客有造其父者，遇寄于门，嘲之曰："郎子姓虞，必当无智。"寄答曰："文字不辨，岂得非愚！"客大惭。

上述各类故事书中，流行较广、影响较大的是《日记故事》。唐彪说：日记故事，俱载前人嘉言懿行，以其雅俗共赏，易于通晓，讲解透彻，不独渐知文义，且足启其效法之心。

这段话清楚地说明了教学散文故事的意义和效果。《日记故事》和《书言故事》，不论哪种版本，大都有插图，有的还相当精美，很有助于引起儿童的阅读兴趣，帮助儿童理解故事的内容。用故事书教育儿童，在西洋各国很盛行，我国从清末以来也广泛运用。因此，阅读散文故事这一项，并不能算是传统语文教育中特有的经验。但是我国插图故事书的起源那么早，走在世界各国之前，前人的成绩还是十分值得称道的。此外，把古代的许多故事加以选择，整理，改编，汲取那些优秀的部分来充实我们今天的儿童读物，这也是一项不应忽视的工作。

（二）读诗

儿童识字之后，一方面读些散文故事，另一方面读些优美而浅近的诗歌，这是唐宋以来一直实行的办法，后来逐渐成了蒙学中一个固定的教学内容。明人吕坤说：每日遇童子倦怠懒散之时，歌诗一章。择古今极浅极切，极痛快，极感发，极关系者，集为一书，令之歌咏，与之讲说，责之体认。

清代的沈龙江义学有更明确的规定：放晚学讲贤孝勤学故事一条，吟诗一首。诗要有关系的，如"二月卖新丝""锄禾日当午""青青园中葵""木之就规矩"等。……次日放晚学时背讲。

教学诗歌所用的教材，有过一些发展变化，其中也有些值得研究的问题。下边分别探讨一下。

1. 教材

蒙学用的诗歌读本，最早的是胡曾《咏史诗》。因为它的主要用途在于介绍历史知识。这里要介绍的是宋代以下的几种：

（1）《千家诗》。清人曹寅于康熙四十五年（1706年）刊行的《栋亭十二种》收有《分门纂类唐宋时贤千家诗选》，题"后村先生（按，即宋刘克庄）编集"，全书22卷，分为时令、节候、气候、昼夜、百花、竹木、天文、地理、宫室、器用、音乐、禽兽、昆虫、人品，共14类。这部诗集是不是刘克庄编选的，编选的好坏，前人有不同的看法。阮元说：

案，后村大全集内有唐五七言绝句选，及本朝五七言绝句选，中兴五七言绝句选三序，或镂板于泉州，于建阳，于崎安。则克庄在宋时，固有选诗之目。此则疑当时，辗转传刻，致失其缘起耳。……所选亦极雅正，多世所脍炙之计。惟中多错谬，如杜甫、王维、赵碫诸人传诵七律，往往截去半首，改作绝句，甚至名姓不符。然……古人多有此例，不足以掩其瑜也。

宗廷辅不同意这个看法。他在列举了集中许多错误之后，说：

后村先生在南宋季年虽为江湖宗主，然其集实足成家，所为诗话颇具别裁，何至纰陋如此！殆陈起江海小集盛行之后，游士阔匾相望，格安、建阳无知书贾假其盛名，缘以射利，故至是欤？观卷首标题，其不出先生手了然矣。

不论这部诗集是什么人编的，它的影响则确乎不小，后来风行全国被用为蒙学诗歌读本的《千家诗》，就是明代人从上书选录编订的，所以有的仍题刘克庄编选，有的改题别人的名字。通行的《千家诗》分上下两集，上集收七言绝句约85首，以程明道的"云淡风轻近午天"打头，下集收七言律诗约38首。所选的诗有些很不好的，也有些偏深的，但是大部分是浅近易懂，于儿童有益，或者无害的，其中包括不少脍炙人口的名篇，如杜甫的《两个黄鹂鸣翠柳》，范成大《四时田园杂兴》中的《昼出耘田夜绩麻》，杜荀鹤的《时世行》等等。

清人王相又选编了一种《五言千家诗》，也分上下两卷，分别收五言绝句和五言律诗各四十来首，以孟浩然的"春眠不觉晓"打头。选材的情况大致跟七言的那一本差不多。后来许多通行本把七言和五言合印在一起，总称《千家诗》。有各种不同的注释本，还有各种不同的所谓"增补"或者"重订本"；都是以上述两种为基础，多少增、删一点，换上个名目。而上前边提到的宗廷辅《重编千家诗读本》是比较严肃地做过一番校订整理工作的。

清乾隆间又出了一种《国朝千家诗》，专收清人作品，选编的办法大致与《千家诗》相似，只是选材范围缩小了。

"云淡风轻近午天"和"春眠不觉晓"这两种《千家诗》，几百年来风行全国，达到家喻户晓的程度，简直不亚于"人之初""赵钱孙李"和"天地玄黄"。因而在"三，百，千"之外又有"三，百，千，千"的名称。清末刘赛写东昌府书店掌柜的话，说：所有方圆二三百里学堂里用的"三，百，千，千"都是在小号里贩得去的。一年要销上万本呢！

在进行语文教育方面和传播文学遗产方面，《千家诗》确是起了相当大的作用。

（2）《训蒙诗》《神童诗》《续神童诗》和《小学千家诗》。这是另一路的蒙学诗歌读本，性质跟《蒙养图说》那一路故事书一样，完全着眼在向儿童进行封建思想教育这一点上，对于语言文字的艺术，基本上不加考虑。

朱熹《小学》引程颐的话，说：

教人未见意趣，必不乐学。欲且教之歌舞，如古诗三百篇，皆古人之作，如《关雎》之类，正家之始，故用之多人，用之邦国，日使人闻之。此等诗，其言简奥，今人未易晓。别欲作诗，略言教童子洒扫、应对、事长之节，令朝夕歌之，似当有助。

大概就是由于这类倡导，从宋到清，相继出现了如上所举的一系列以训诫为主的诗歌读本。

关于《神童诗》，明人朱国桢有这样的记载：

汪洙，字德温，鄞县人，九岁善诗赋，牧鹅费宫，见殿宇颓圮，心窃叹之，题曰："颜回夜夜观星象，夫子朝朝雨打头，万代公卿从此出，何人肯把俸钱修？"上官奇而召见。……世以其诗铨补成集，以训蒙学，为《汪神童诗》。

但是据考证，汪洙的诗很少。朱国桢说，其前二三叶相传皆汪诗，其后则杂采他诗铨补。

不管这本诗出于何人之手，反正它的内容是非常低劣的，开头的一首就是：

天子重英豪，文章教尔曹。

万般皆下品，惟有读书高。

思想的腐朽，写作的庸俗，于此可见一斑。

《续神童诗》，不知撰者何人，署名梁溪寄云山人。这是一篇很长的五言打油诗，首尾一贯，不分首。文字极浅陋，不仅充满了封建说教，还夹杂着许多因果报应的迷信。可以说，完全不成其为诗。

《续千家诗》，后又改称《小学千家诗》，两书有些出入，编者大概跟《续神童诗》的作者是一个人，署名剡溪西樵氏，序跋一里又说是"寄云山人"或"梁溪晦斋学人"。书里有少数诗是选的，大部分是编者自己写的，跟《续神童诗》一个调子，无可观。

由于封建统治者的提倡，也由于这一类读本里的诗都极肤浅庸俗，冬烘夫子们容易对付，所以也颇有不少蒙馆采用，在社会上散布过一些很坏的影响。但是，这些本子绝对没有力量跟《千家诗》相抗衡，群众的选择，终于淘汰了它们。

（3）《小学弦歌》。清李元度编，有光绪间李氏家刊本。这部诗集，也是本着程颐的意旨编选的，所以把全书分为"教"和"戒"两大类，所教的有孝、忠、夫妇之伦、兄弟之伦等16门，所戒的有贪、淫、杀、争竞等12门。不过，由于他主要是选诗，并且总算还有一定的尺度，所以尽管也有不少无聊的坏诗，倒也收罗了一些好诗，反而显得他的归类有些牵强了。例如，他选了《木兰诗》放在"教孝"一类，乐府诗的《孔雀东南飞》和《陌上桑》，还有杜甫的《新婚别》，都放在"教夫妇之伦"一类，选了白居易的《杜陵叟》《缭绫》《观刈麦》以及聂夷中、李绅、谢祐得等好些人的同类的诗，放在"教闵农桑"一类，选了李白的《战城南》，杜甫的"三吏"和《兵车行》，白居易的《新丰折臂翁》等等，放在"戒颛武"一类，选了杜甫的《茅屋为秋风所破歌》《无家别》，皮日休的《橡媪叹》，白居易的《新制布衣》，李思衍的《鬻孙谣》等等，放在"教恻隐"一类。尤其是在最后所谓"广劝戒"一类，颇选了几首很别致的小诗。全书总选诗930多首，作为童蒙读物，显然分量过重，如果从中精选一下，把所有的坏茸都去掉，倒未始不能选出一本过得去的儿童诗歌读本来。

2. 经验和问题

古人对于教儿童读诗，大致有三种主张。一种是赞成教一点，但必须是有关洒扫应退、忠君孝亲那一路的。程颐、朱熹都是持这种主张的。王守仁更进一步，简直要用教诗作为蒙学中主要教育手段之一。他说：

今人往往以歌诗习礼为不切时务，此皆末俗庸鄙之见，乌足以知古人立教之意哉！大抵童子之情，乐嬉游而惮拘检，如草木之始萌芽，舒畅之则条达，摧挠之则衰痿。今教童子，必使其趋向鼓舞，中心喜悦，则其进自不能已。譬之时雨春风，阶被卉木，莫不萌动发越，自然日长月化；若冰霜剥落，则生意萧索，日就枯槁矣。故凡诱之歌诗者，非但发其志意而已，亦所以泄其跳号呼啸于咏歌，宣其幽抑结滞于音节也。

他既这样重视歌诗的作用，于是很具体地规定了教诗的办法：

凡歌诗，须要整容定气，清朗其声音，均审其节调，毋躁而急，毋荡而嚣，毋馁而慑，久则精神宣畅，心气和平矣。每学量童生多寡，分为四班，每日轮一班歌诗，其余皆就席敛容肃听。每五日则总四班递歌于本学，每朔望集各学会歌于书院。

再一种也主张利用诗歌教育学生，不过尺度宽一些，不一定是直接讲孝悌忠信那一套的，只要有激发儿童向上的作用的就行，所以像"青青园中葵"，乃至"二月卖新丝"之类，都算是合格的教材。

还有一种是不主张教儿童读诗的。如陆世仪就明白地说：

凡人有记性，有悟性。自十五以前，物欲未染，知识未开，则多记性，少悟性。自十五以后，知识既开，物欲渐染，则多悟性，少记性。故人凡有所当读书，皆当自十五以前使之熟读，不但四书五经，即如天文、地理、史学、算学之类，皆有歌诀，皆须熟读。……今人村塾中开蒙多教子弟念诗句，直是无谓。

总体来看，古时对教育工作影响最大的道学家或者主张不教诗，或者主张只教伦理训诚诗，倡导教一般的诗歌的（就像《千家诗》那样，）是极少极少的。

然而，在这一点上，群众的实践否定了道学家的主张。蒙馆里愿意教一般的好诗，孩子们也愿意读那些诗。《千家诗》可以说是在完全没有官家支持，没有大学者倡导之下，自己在群众中成长生根的。这跟"三，百，千"的情形大不相同，跟好些种蒙求书的情形也不一样。

这是什么原因呢？教儿童读一些好诗，对于进行语文教育有什么作用呢？

诗容易念，容易背，朗朗上口，适合儿童的爱好，这当然是重要的原因。这一点无须多说。

儿童识字之后，就要正式读书了。在这个当口，培养读书的兴趣是很重要的。十来岁的孩子，当然已经懂得一些道理，但是，要求他们充分认识读书、学习的意义，从而自觉地、主动地努力读书，还是不很容易的。如果一开头就给他们一些比较呆板枯燥的东西去读，很可能挫伤他们的学习兴趣。前人在这个时候指导孩子们读些故事书，读些诗，这是很有见地的。爱听故事，是儿童的特点；爱大声朗诵，也是儿童的一个特点。诗的语言，音调和谐，押韵，念起来给人以很大的快感；浅近的好诗，尽管儿童不一定字字都懂得很透，也足以启发想象，开拓胸襟。多念一些好诗，孩子们逐渐会感受到语言的美，感觉到书有念头，有学头，从而培养了他们爱好语言的感情，促进了他们求知的愿望，增长了他们思考、想象的能力。

诗的语言精练，一字一词都带着显著的色彩，组织配合又十分严密，因而揣摩起来，一字一词往往像是有丰富的蕴含。唯其如此，如果老师的指点得体，读些好诗最容易培养对语言的敏感，而这一条正是学习语文的重要基础。对语言缺少敏感，理解意义必然模糊浮泛，对语言的色彩、含蓄感觉迟钝，对语言的正误美丑不能辨别。在这种情形之下，读书的收获必然打很大的折扣。

在广泛阅读之前和同时，指导学生读些诗，看来对进行语文教育是颇有意义的。

前人的实践经验又说明，教给儿童的，必须是好诗。思想内容要健康，至少要无害，而语言必须优美，必须朗朗上口。内容不好，或者过于艰深、使儿童完全不懂的诗，语言十分拙劣的诗，都是不受欢迎的。

至于教多少，教到什么时候，这是一个问题。从前人各种教材流行的情况看，五言、七言《千家诗》合起来一共是一百二三十首。百首上下，这个数量仿佛大体合适。《唐诗三百首》，已经是再后一个阶段的读物；《唐诗合解》之类，就只能挑着念了。开头的时候，可以多念些，《沈龙江义学约》竟至规定每天念一首。往后，恐怕就得逐渐减少，终至以读散文为主。

（三）知识书和工具书

经过启蒙阶段，学了2000多字，开始接受读写基础训练（并且已经开始读四书）的学生，在语言文字方面，出现了一些新问题。首先，由于学的字多起来，并且是在比较短的时间里相当集中地学习的，对于好些字的字形、字音，可能记得不准，对于好些字的字义，可能还不理解，或者理解得不确切。于是念错字音，写错字形，误解字义的现象必然发生。其次，学生既已学习属对，必须能够辨别平仄，这对很多学生来说会有困难。此外，学生以前读的大都是三言、四言的韵语读物，现在开始读文言散文，对于句子结构弄不清楚的情形，当然也有。解决这些问题，主要还是靠读写实践，就是说，在读故事、读诗、写字、属对的实际训练中，逐步提高学生掌握语言文字的能力。不过，前人似乎发现，如果在这个阶段，在加强种种实际训练的同时，教给学生一点有关文字、声韵乃至语法的基本知识，能够提高他们学习语言文字的自觉性，这对提高读写基础训练的效率是有帮助的。此外，前人似乎也发现，如果提供给学生一些简单的工具书，教他们学着自己去解决读书、写字、属对中遇到的困难，也有助于提高他们的学习能力，即使读写基础训练容易进行好，也为下一阶段的训练打下更牢靠的基础。因此，在前人留下的大量蒙书之中，我们也发现为数不少的讲解基本知识的书和小型的工具书。下边分别做些简略的介绍。

1. 文字、声韵、语法书

文字、声韵之书，在历史上起源很早，见于著录的，种类很多。不过隋唐以前的，除了少数重要的学术性较高的几种之外，多已佚失，其中哪些是为蒙童用的，哪些不是，已经不易判断。现在所知道的确实是蒙学用的有关文字、声韵、语法之类的书，大致有下述几种。

（1）文字知识类：《文字蒙求》等。专为蒙学编写的，讲解文字知识的书，宋元以下颇有几种，如元代楼有成的《学童识字》等。比较系统、完整的，是后起的《文字蒙求》。

《文字蒙求》，清王筠撰，现存多种刊本。这本书是根据作者对识字教育的见解编写的。首先介绍纯体的象形字 264 个，每字举出篆书的样子，说明所象何形；其次介绍纯体的指事字 192 个；再次介绍合体的会意字 1260 个；最后介绍基本的形声字 391 个。全书总计介绍了 2044 个基本字。作者认为，学生学会这 2000 个字很容易，而学会了这些字，懂得了这些字的造字原理，"全部《说文》九千余字，固已提纲挈领，一以贯之矣"。王筠编这本书的用意是作为初步的识字课本用的。让六七岁的孩子用这样的书作识字教材，显然是有困难的，所以当时在启蒙阶段用这本书的很少。但是，在第二个阶段，乃至在更靠后的一个阶段，用它来教给学生初步的文字知识的很多，并且的确能收到相当显著的效果。

（2）正俗、辨误类：《字学举隅》《文字辨讲》等。这类书的特点是，排比实例，辨正易混易误的字，不系统地讲知识，例子的排列或按音序，或按笔画，或者不按什么次序，总之也不拘知识系统。早的如唐代颜元孙的《干禄字书》，就是辨别正体字、俗体字、通用字的。晚些的如明末李登的《六书指南》，清人易本烺的《字体蒙求》，都用四言韵语编写，前者侧重辨正俗字，后者侧重辨别偏旁形体，编法都像李登的《正字千文》。《正字千文》，就其内容性质而论，也可以归入这一类。

《字学举隅》，这是清代后期流行较广的一种，龙启瑞编，现存多种刊本。书的分量不大，是根据《辨正通俗文字》增补改编的，分"辨似""正讹"两部分。"辨似"是辨别形体相似的字，分"二字相似"（如刀、刁，爪、瓜，洎、泊，奕、弈等），"三字相似"（如漫、慢、谟等），"四字相似"（如戊、戌、戍、戎等），"五字相似"（如辨、办、瓣、辩、辫等），"偏旁相似"（如抒、杼，诀、快，营、管等）几类。"正讹"是辨别错别字和俗体字。这本书从道光年间编出来，不过数十年间就出了好几种校订增补的本子，一再翻印，并且还有铁珊在原书基础上扩充的《增广字学举隅》。可见它很能适应当时的需要。

《文字辨讲》，清吴省兰编，有乾隆间刊本。这本书的特点是重视正音，首先列举了很多"平仄异义"而容易误读误用的字，如"难"字，注明："难易，平声，寒韵；患难，去声，翰韵"，"分"字，注明："分寸，分别，平声，文韵；安分，分际，去声，问韵"等等。然后又列举若干一字异音异义的例子，如"差"字："参差，不齐也，支韵；使也，择也，佳韵；舛也，麻韵"等等。后半本也是辨正错别字的性质。这本书编印比前一种早，流行也相当广泛。

（3）声韵类：《切字捷说·平仄易记略》等。历代讲声韵的书很多，但是专为蒙学用得比较少。有的，也往往因为讲得不够通俗，不好懂，而且过去的文人多半视声韵之学为畏途，教蒙学的塾师多半不敢碰它，所以这类书在当时大都流行不广，后来也就逐渐佚失不传了，如胡宗绪的《等切开蒙》，寇鼎的《启蒙韵略》，程启鹏的《启蒙韵学》等等，就是这样。

《切字捷说》，不知撰者，见于元代出版的通俗类书《事林广记》。这本书讲反切的基本知识，首先举出反切"七十字诀"，其次以杜甫的《春夜喜雨》诗为例，把每个字都用反切注出音来，再次是辨十四声，最后讲双声叠韵。篇幅很小，讲得非常简略，供蒙学入门之用，也还可以。

这里需要岔开一下，说一说通俗类书跟语文教育的关系。《事林广记》，除了《切字捷说》，还收入了王日休的《速成法》，相当全面地讲了蒙学教学方法的各个方面。另一部通俗类书《万宝全书》里有《字学须知》，讲写字的基本知识。再一部通俗类书《翰墨琅轩》里有《千文字义》，用《千字文》的字做主体，每个字下边列几个同音字，分别注上字义。《万象全编不求人》列举了不少《千字文》《千家诗》《文字蒙求》的酒令游戏。这种通俗类书不是专供蒙学用的，但是对蒙学有很大的影响。每一种类书都包含历史、地理、医药等各种常识，以及书信格式、公文格式、喜庆丧葬的仪节、各种场合应用的对联等，许多日用备查的材料，这些都是适合当时蒙馆塾师迫切需要的东西。因为那时候，一个塾师，往往是一个村落、一个地区里最高的甚至唯一的读书人，乡邻们只要有了需要动笔杆的事，就去请教"学里的先生"。所以几乎每个蒙馆塾师都得备一部通俗类书，才应付得了。这样，书里包含的有关蒙学的材料，也就成了他们教学的"本钱"。因此，尽管通俗类书里包含的这类材料很少，很浅，但是它在蒙学教育中所起的作用是值得重视的。

《幼学平仄易记略》是一本用具体材料教学生学习平仄的小书，清代中叶苏云从编。书用四言韵律，上下两联成对，上联都用仄声字，下联都用平声字，并且做到全书一贯，从天地山川，自然名物讲到社会生活，最后还有些鼓励儿童努力上进的话。下边摘引一些，以见一斑。

浩浩碧落悠悠着穹
有象易见无言难穷
日月照耀阴阳交融
汉挂永夜星排长空
好雨瑞云祥云和风
霜降节冷雷鸣声同
草色雨碧枫林霜红
共爱物阜群歌年丰
极目岭畔遥瞻山巅
碧岫远峙青瘴遥连
壁峭嶂叠冈崇崖悬
洞口近水桥门冲烟
草木并茂林花争妍
古柏翠若长松苍然
柳舞乱絮榆摇青钱
竹实风集桑枝鸠迁
杏蕊十里桃龄三千

……

宴客饮酒呼儿煎茶
避暑引扇乘凉披纱
启牖听鸟推窗看花
涉水击楫于田乘车

......

实意应物虚心从师

舍利取义从公违私

......

恶恶好善疏奸亲贤

敬老恤幼开来承先

每个字的旁边还注上属某韵。此外，书的上栏把《三字经》等书里的有些话，用歌诀形式说明每字的平仄，帮助儿童记忆。

如：

三才"天人"二字平，（天地人）

三光"星"字是平声。（日月星）

四方四时几个平，唯有"北夏"是仄声。（东西南北，春夏秋冬）

这本书编成于嘉庆十九年，到光绪初还有翻刻新印的本子，可见是曾经相当流行过的。

（4）语法类：《虚字说》等。前人不怎么专讲语法，编给蒙学用的书当然更少。后来有一些讲虚字的书，如《经传释词》《助字辨略》等，不适于蒙学之用。只有袁仁林[①]的《虚字说》是为蒙童编写的。作者在序言里先说了说虚字的重要性，然后批评当时的人们对虚字的忽视，末了说：

闲尝为童子说专，约其一二，俾垂髫者目焉。是亦末之末也。

然因末而畅其所言之本，本且获矣。末云乎哉！

书的分量相当小，扼要地讲了几十个常用的虚字，有的是一组一组地讲，略加比较，一般举四书的句子为例，少数的用五经的句子，个别的也用子书和古文的句子。看来大体上还适合基础训练阶段的需要。

清代末年兴办新学之后，陆续出了一些讲语法的书，大都是照《马氏文通》的系统讲的，例如光绪二十九年朱树人编的《蒙学文法教科书》就是当时比较流行的一种。这已经不是纯然传统蒙学的做法了。

（5）综合性的：《宜略识字》《字学汇海》等。清代书坊里也出过一些综合性的基本知识书，在上述几类书里选辑一些材料，汇编在一起，《宜略识字》就是这样的一种。书

---

① 袁仁林，字振千，三原人。书首有康熙四十九年（1710年）自序，末题"书于东渠小学"，所著尚《古文周易参同契注》八卷，四库入存目。

的分量不大，但是包罗的方面不少，计有：

六书大义（伍泽梁），字体诀（许汉昭），辨似，正讹，帖字，俗音正误，宋王书字书误读抄，释适之金壶字考抄，联字考义，韵字辨同辑略，一字数音，平仄借读，韵略通叶十三种材料。

2. 工具书

蒙学用的工具书主要有三类。

（1）一般字典：《字汇》等。通俗字典，较早的是明代梅膺祚编的《字汇》，按部首编排，把《说文》的 540 部简化为 214 部，每一部又按笔画多少的顺序排列，共收 33179 字，内容虽庞杂，但不收生僻的字；注音，反切与直音并用；释义比较通俗。只是分量太大，不很适于蒙学使用。随后相继产生了以梅编为基础，压缩、精简的本子，如清康熙年间陈溟子改编的《同文字汇》（后印者有的改称《增补字汇》，也有的改用别的名称），不但内容有所精简，并且改用小字，印成所谓巾箱本的形式，以便携带和翻检。缺点是收字仍显庞杂，而解释有的不够确切。用直音，注释简明，合乎初学的需要，这是它的优点。如：

栽音哉。种莳也。

矢音始。箭也。又，誓也，正也。又，姓。

郿音孚。地名。

大概就是由于它有这点好处，这袖珍小本的《字汇》，一再翻印复刻，广泛流行在蒙馆和市井之间。

此外，还有一种通俗小字典，直音、释义之外，特别标明声调和所属的韵部，显然是为了照顾初学属对者和作诗之用。清乾隆年间华纲编的《增注字类标韵》和嘉庆年间姚文登编的《初学检韵》等，就是属于这一类的。如：

函音含。包也。平声，覃、咸韵。

掩音淹，上声。遮盖也。俭韵。

（2）专书字典：《养蒙针度》。这是清初潘子声编的一本小字典，专注蒙学所读各种课本里的生字，按书排列，一种一种地分注。《三字经次百家姓次千字文》的生字，基本上全收；《神童诗》《千家诗》的生字，大部分都收；四书五经的生字，也收一部分；《左传次国语》《国策》历代古文中少数几篇的生字，也略收一点。每个字注音，释义简单扼要。由于它是密切针对蒙学的需要编的，所以流行极广。光绪元年重刊本的序文里说：是编于雍正十三年付梓，元和孙苍璧容文氏书序于平乐郡斋，迄今百有余年，刷印不下数十万卷。

即使这个说法有夸大之处，总也可以约略看出它流行广泛的程度了。

（3）名物词典：《小学绀珠》和《家塾蒙求》。这也是两种流行很广的工具书。《小学绀珠》，宋王应麟编，自序里说：君子耻一物不知，讥五谷不分，七穆之对，以为洽闻，束帛之误，谓之寡学。其可不素习乎！乃采掇载籍拟锦带书，始于三才，终于万物，经以历代，纬以庶事，分别部居，用训童幼。

这几句话很可以概括说明这本书的编法，简言之，就是把见于古书的许多名物，按"天道""律历""地理""人伦""性理""人事""艺文""历代""圣贤""名臣""氏族""职官""治道""制度""器用""徼戒""动植"这些项目，分类编集，每一类之中，又以数目为线索排列，例如艺文类开头的次序是：六艺，五经，六经，九经，七经，四术，三史……每条注明包含的内容，有的略加解说，注明出处。这样的书，很像一个小百科辞典，无论编者原来的意图怎样，实际上当然只能备查考，而不能作为课本来念的。

《家塾蒙求》，清人康基渊编。书分天、地、人、物四部，每部举出有关的名物，加以简要的解释。也像一个分类的百科小辞典，例如人部中间的一部分，实际就是一个历代名人辞典，下边举两条为例：

东晋祖逖，字士雅，范阳人，元帝时渡江击楫，誓清中原，尽收河南地。元帝以为豫州刺史。俄卒于雍丘。

宋胡寅字明仲，安国弟淳之子也。从杨时学。著《读史管见》数十万言。学者称致堂先生。抗阻和议，为秦桧所诟。谥文忠。

这本书比《小学绀珠》通俗简要，所收的名物大都是比较常见的，所以流行相当广泛。书成于乾隆三十四年，初刻于嘉庆七年，以后有过几次复刊本，至光绪二年，张叔平又复刊一次，改称《万卷读余》。从书的流传情况，可以看出它在群众中间是相当受欢迎的。

上边简单介绍了基础训练阶段所用的语文知识书和工具书。这些书，就其内容而论，不仅在见解方面有不少坏东西，就是在方法方面，今天看来，也没有多少可取之处。现代语言科学的发展，早已把它们远远地抛在后边了。这里用相当的篇幅来介绍，觉得有两点是值得注意的。

第一，我们常常有一种印象，认为传统的语文教育只是教学生死念书，死背书，丝毫没有科学，完全不讲知识。这其实是一种误解，并不符合实际的情形。诚然，当时许多私塾先生是那样做的，但是，那只反映旧社会师资水平之低，并不足以代表传统的经验。真正的传统语文教育经验，是在以读写实践为主的前提下，在适当的时机需要教给学生一些必要的知识，教给他们使用基本工具书的方法，使他们把不自觉的学习逐渐转化为自觉的学习，从而提高其学习效率。这从为数不少的语文知识书和工具书的出现及其流行情况，可以很清楚地看得出来。这一点传统经验，对我们还是多少有些参考意义的。

第二，基础训练怎样进行，教学生做什么样的练习，学哪些知识，二者怎样配合，这在很大的程度上决定于本国语言文字的特点。前人的做法是，在文字方面下的功夫特别大，首先用种种办法教学生识字，其次又用种种办法帮助学生巩固已识的字，最后教学生一些有关文字的基本知识，特别着重在造字原则，字的结构，帮助学生辨音、辨形；语法方面，则只讲一些虚词用法，此外很少讲词法、句法的知识，而是着重采用属对练习这种方式，帮助学生实际掌握词的运用和句子结构。这些做法未必都对，对的也未必适合于今天的情况。然而，其所以逐渐形成这样一套做法，显然同汉语汉字的特点有密切关系。在这一点上，传统的经验对我们颇有启发。

第二节　传统文化融入小学语文教学对主体的要求

一、尊师

（一）塾师的水平

中国一直有尊师的传统，不过，谈到私塾先生，似乎有点例外。许多人认为，私塾先生水平不高。而私塾的学童，对私塾先生似乎也不是很尊敬。究竟是不是这样呢？

首先来看看塾师的"出身"。有研究指出，唐宋以来的塾师，主要来源于以下几类人：一是科考失利的童生，他们往往屡试不第，终老于场屋；二是贫困的举人、贡生等；三是一些退职官吏。其中，科考失利者占大多数。

有人认为，唐宋以来的塾师，既然主要是科考失利者，水平就不会高。这一看法，看似有理，其实不然。民国时期，吴研因讲，科举时代的考生，绝大多数都是考不上的，以此证明这些考生水平不行。对此，汪懋祖就不同意，他说："吴先生（吴研因）征引科举时代江阴考生千人中通者不过百人，其例恐非尽确。盖科举之文，无论八股或策论，皆有一种体例，另成一种技术，又限于定额，不取者非可目为不通，尽有文才卓越而一生不第者，故不足以为例也。"显然，汪懋祖是对的。科举考试录取的很少，是受到名额的限制，无论应试者的整体水准如何，及第者总是很少的那一部分。大量的考生是落第的。而落第，并不能说明水平不够。若认为科举未能及第就是没有学通，那么，蒲松龄的文言文也是不通的了，这显然不合实际。当年韩愈也是考了 4 次才考上进士，但我们不能认为韩愈前 3 次作的文章是不通的。

科举考试时代，应试者通常需要做多方面准备，其中最基本的是经典的阅读、背诵。这些读书人，在社会适应性等方面或许存在一些问题，但教儿童读书，则还是能够胜任的。况且，家长对塾师也是有选择的。水平很差的人也难于长期做塾师。

有人提出，塾师的水准不尽相同，其中不乏才华横溢者，但多数人甚平平，甚至有些人不仅迂腐，而且错别字连篇。这不能说完全错，但又不是很准确。应该说，塾师中确有才华横溢者，虽然只是少数；而大多数"甚平平"者，在知识水准方面，教私塾也是能够胜任的；其中的错别字连篇者，即使有，也是非常个别的。明代嘉靖时田汝成辑撰《西湖游览志馀》卷二十五载："曹元宠《题村学图》云：'此老方打虫，众雏争附火。想当训海间，都都平丈我。'语虽调笑，而曲尽社师之状。杭谚言：社师读《论语》，郁郁乎文哉，讹为，都都平丈我。委巷之童，习而不悟。一日，宿儒到社中，为正其讹，学童皆骇散。诗人为之语曰：'都都平丈我，学生满堂坐。郁郁乎文哉，学生都不来。'曹诗尽取此也。读来令人发噱。"这个故事虽然流传很广，但不能太当真。

有些私塾先生水平确实不行。苏雪林曾回忆自己的私塾先生，认为先生学问太差："我入学时的年龄几何，今已不忆，好像在介于六七岁之间，启蒙已经迟了一步。我们开始读的是《三字经》，接着是《千字文》，接着是《女四书》。先生上书几行，教我们乱喊乱叫一阵，读熟了就背，背不出罚再念，以背出为度。"

"先生上书从来不讲，我们也从来不知文义为何物。""又如《长恨歌》'玉容寂寞泪阑干'他说杨贵妃的眼泪滴在阑干上，我又驳他道：那么'瀚海阑干百丈冰'难道是百丈冰凝结在阑干上面吗？诸如此类，不胜枚举。"但这应该是个别的现象。大多数的私塾先生并非如此。阅读清末民初以来的人物传记，我们就可以看到，许多学人对私塾先生还是尊敬的，他们的先生也还是比较有学问的。

陆文夫回忆自己读私塾时的秦老师，说："秦老师是个杂家，我觉得他什么都会。他写得一手好字，替人家写春联、写喜幛、写庚帖、写契约、合八字、看风水、念咒画符、选黄道吉日，还会开药方。他的桌子上有一堆书，那些书都不是课本，因为《论语》《孟子》之类他早已倒背如流，现在想起来可能是属于医卜星相之类，还有一只罗盘压在书堆的上面。秦老师很忙，每天都有人来找他写字、看病，或者是夹起个罗盘去看风水。"作家袁鹰则说："我所从过的几位塾师，学问也许不及寿老先生，但为人却也是古朴方正的。"

作家王充闾回忆私塾学习生活，对自己的老师是很有感情的。他的老师是一位造诣很深的书法家，很重视书法教学，从第二年开始，隔上三五天，就安排一次。他曾讲过，学书不仅有实用价值，而且是对艺术的欣赏，这两方面不能截然分开。比如，接到一封字体秀美、渊雅的书信，在了解信中内容的同时，也往往为它的优美的书艺所陶醉。老师也很擅长写作。王充闾回忆：

老先生有个说法："只读不作，终身郁塞。"他不同意前人王筠《教童子法》中的观点，认为王筠讲的儿童不宜很早作文，才高者可从 16 岁开始，鲁钝者 20 岁也不晚，是"冬烘之言"。老先生说，作文就是表达情意，说话也是在作文，它是先于读的。儿童如果一味地读书、背书，头脑里的古书越积越多，就会食古不化，把思路堵塞得死死的。许多饱学的秀才写不出好文章，和这有直接关系。小孩子也是有思路的，应该及时引导他们通过作文进行表达情意、思索问题的训练。为此，在四书的结业后，讲授《诗经》《左传》《庄子》《纲鉴易知录》之前，首先讲授了《古文观止》和《古唐诗合解》，强调要把其中的名篇背诵下来，而后就练习作文和写诗。他很重视对句，说对句最能显示中国诗文的特点，有助于分别平仄声、虚实字，丰富词藏，扩展思路，这是诗文写作的基本功。他找出来明末清初李渔的《笠翁对韵》和康熙年间车万育的《声律启蒙》，反复进行比较，最后确定讲授李氏的《笠翁对韵》。这样，书窗里就不时传出"天对地，雨对风，大陆对长空……"的诵读声。

他还给我们讲，对句讲究虚字、实字。按传统说法，名词算实字，一部分动词、形容词也可以算是实字，其余的就算虚字。这种界限往往不是很分明的。一句诗里多用实字，显得凝重，但过多则流于沉网；多用虚字，显得飘逸，过多则流于浮滑。唐代诗人在这方面处理得最好。先生还常常从古诗中找出一个成句，让我们给配对。一次，正值外面下雪，他便出了个"急雪舞回风"的下联，让我们对出上联。

我面对窗前场景，想了一句"衰桐摇败叶"，先生看了说，也还可以，顺手翻开《杜诗镜铨》，指着《对雪》这首五律让我看，原句是："乱云低薄幕。"先生说，古人作诗，讲究层次，先写黄昏时的乱云浮动，次写回旋的风中飞转的急雪，暗示诗人怀着一腔愁绪，已经独坐斗室，对雪多时了。后来，又这样对过多次。觉得通过对比中的学习，更容易领略诗中三昧和看到自己的差距。

显然，王充闾的老师是很有水平的。王充闾回忆私塾生活时，对老师充满感激之情。他说道："我从 6 岁到 13 岁，像顽猿籍锁、野鸟关笼一般，在私塾里整整度过了 8 个春秋，情状难以一一缕述。但是，经过数十载的岁月冲蚀、风霜染洗，当时的那种凄清与苦闷，于今已在记忆中消融净尽，沉淀下来的倒是青灯有味、书卷多情了。而两位老师帮我造就的好学不倦与迷恋自然的情结，则久而益坚，弥足珍视。"

有一些私塾先生似乎也很开放，如李霁野读私塾时的老师，就让他读《三国演义》。李霁野回忆说："我读私塾时还有一件事使我至今未能忘怀，就是塾师很早就让我自己阅读《三国演义》。以后我读完了能弄到手的所有古典小说。"

有些文化家庭，为孩子请的老师，更是很有水平的人，有的甚至是知名的学者。如周一良回忆，他的一位塾师张先生虽然当时只有 24 岁，却很有学养，他跟这位老师"读了两部大经《礼记》和《左传》，以及姚鼐编选的《古文辞类集》等，绝大部分所读皆能成诵，张老师循循善诱，不仅要求学生背诵，而且注意给学生讲解，亲自把《皇清经解》所收一些《左传》的注解用蝇头小字摘要抄在我的读本上。同时也给我讲《史记》《韩非子》等，教我作桐城派古文。我对于先生讲书，总是全神贯注，非常爱听"。"张先生教书认真负责，却绝无旧日私塾中严师的架子，我们弟兄从未受过任何形式的体罚。相反，先生有时还带我们出去游玩。""回顾 10 年私塾教育，跟张先生这 4 年获益最多，长进最快，为以后我学习中国古典文献打下了坚固的基础。"

周一良回忆说，张先生逝世后，他的父亲聘请了唐兰（立庵）先生来家塾给他讲《说文解字》。唐兰是著名学者，对周一良当然是大有帮助的。他说自己"对唐先生的才华横溢和博渊多识深深钦服"，这也是很自然的。

当代书法家胡小石也当过塾师。他在客寓于上海的李瑞清家时，一边学习，还一边教其他小孩儿。中华人民共和国成立后任上海书画院院长的王个籍出身塾师家庭，青年时在南通任小学教师，1922 年后追随吴昌硕学艺，同时也为吴氏的幼孙长邺当家庭教师。

著名学者王伯流先生在诗人陈三立（散原）家塾中教过书。

大约是在光绪二十六年至二十七年，陈家从江西南昌移居南京，定居于头条巷后，即开办家塾，聘请名师课子。陈三立久仰先生的道德文章学问，于是延请他到家里教诸子读书。陈三立之子陈隆恪、除寅恪等人都受教于伯流先生，他们深厚的国学基础中，倾注了伯流先生的心血。他一生阅读《红楼梦》不下 20 次，手批 5 次，分用朱、黄、绿、墨、紫五色笔，五彩斑斓。清末及民国时期，有一种现象，即塾师的家庭出人才。许多名人，如陈化成、林则徐、曾国藩、王韬、郑观应、唐文治、唐才常、黄兴、陈天华、张伯苓、柳诒徵、李四光、黄公略、刘半农、李宗仁、孙本文、徐悲鸿、于省吾、蒋光慈、徐复观、曹禺、姚奠中等，都出生于塾师之家。塾师的家庭出人才，这从一个侧面说明，不能贬低塾师。

（二）教学方法问题

有些人看低私塾，不是怀疑塾师的水准，而是对私塾的教学方法不满，首先是认为，私塾只是要求学生背诵，而不讲解。但私塾的这种做法，是有深刻道理的。儿童的特点是记忆力好而理解力薄弱，因此，指导和要求儿童大量背诵，恰恰是符合儿童心理特点的。

作家李国文小时候读私塾，老师只让他背诵而不给他讲解。他提出疑问，老师回答说："背多了，你就自然明白了。"李国文说："很久很久以后，我也琢磨出来这位老秀才的见解，不无道理。对一个童稚气十足的孩子，给他讲'大学之道，在明明德，在亲民，在止于至善'真是如让顽石点头，是不会有什么效果的。但确如他所说，书背得多了，人长得大了，知识面也拓展了，还真是'就自然明白了'。"还有一点也要注意：私塾教学的内容，常包括文学作品，而文学作品更难讲。有一些学者干脆就不主张讲，例如俞平伯讲：

所谓"帘卷西风"，照抄四字之外，更有什么妙法？说"西风里卷起帘子"，说"帘子被西风卷起"，说"帘子卷起西风来了"，甚至于说"帘子已经卷好了，西风，你来呀！"这些活见鬼的讲解，曾否让你多懂？还是让你少懂？你总应该仔细想过。"人比黄花瘦"亦然。多神秘的形容！凿方眼说，人何以比黄花；岂诗人之面，中央正色乎？一可异也。人之瘦怎能与黄花同瘦，比黄花还瘦？二可异也。黄花又瘦在何处？花欤？叶欤？其摇摇之梗欤？三可异也。"你不要再讲下去了。""遵命，您也不要想下去了！"这就好了！

张中行认同俞平伯的看法，他说：

诗、词，听了一年或两年，现在只记得解李清照名句"帘卷西风，人比黄花瘦"的一点点，是："真好，真好！"至于究竟应该怎么讲，说不清楚（《杂拌儿之二·诗的神秘》一文也曾这样讲）。他的话使我体会到，诗境，至少是有些，只能心心相印，不可能像现在有些人那样，用冗长而无关痛痒的话赏析。俞先生的诸如此类的讲法还使我领悟，讲诗词，或扩大到一切文体，甚至一切人为事物，都要自己也曾往里钻，尝过甘苦，教别人才不致隔靴搔痒。

私塾教育的"讲"，有讲的道理；不讲，也有不讲的道理。有些时候，不讲更有道理。

私塾教育中，塾师有时体罚学生。这一点，常常被看作私塾教育的弊端。私塾教学中打学生的现象，确实是有的，不过，在这方面，存在过度宣传的现象。

张倩仪的书中讲到塾师打孩子："当时的私塾教法，常常打。打的原因，大半不是学生顽皮，而是书读不熟。那时读书，讲究背诵，滚瓜烂熟是合格的标准。后来做了北大校长的蒋梦麟记得：'如果背时有些疙瘩，先生要求一遍又一遍地再念，甚至念上一两百遍。碰上先生心情不好，脑袋上就会吃栗子。天黑放学时，常常有些学生头皮上带着几个大疙瘩回家。'"并引述了赵元任和周作人所记的当时的俗语："《中庸》《中庸》，打得屁股鲜红"，"《大学》《大学》，打得屁股烂落"。似乎他们都是挨过打的，但实际上，赵元任和周作人的先生都没有打过他们。

赵元任回忆自己读私塾时，说他只挨过一次打，是为了什么事情他也想不起来了。挨打之后，他爷爷知道了，对请来的塾师说了一句："会教的先生用不着打的。"以后就一直没打了。

周作人也说自己并没有挨过打："到了 11 岁时往三味书屋去附读，那才是正式读书的起头。所读的书我现在还清清楚楚地记得，是一本'上中'，即中庸的上半本，大约从无忧者唯文王乎，左近读起。书房里的功课是上午背书上书，读生书 60 遍，写字；下午读书 60 遍，傍晚不对课，讲唐诗一首。老实说，这位先生的教法倒是很宽容的，对学生也颇有理解，我在书房 3 年，没有被打过或罚跪。"

翻译家杨宪益也是如此：

我没有读过小学，家里给我请了教私塾的老秀才，叫魏汝舟。他的家被八国联军毁了。读的书是当时最普通的"三百千"（《三字经》《百家姓》《千家诗》），之后是儒学经典《论语》《孟子》《礼记》《诗经》，也读《楚辞》、唐诗宋词、《古文观止》，还有《史书》。所有的书都不怎么解释，就是要背。我记忆力还可以，一般读个两三遍，就可以背了，所以基本上没挨过打。

启功先生回忆幼年读私塾的情况：

一般的教学过程是先检查前一天让背的背下没有，背下来的就布置点新内容接着背，没背下来的要换打，一般打得都不重，有的不用板子，就用书，然后接着背，直到背会为止。小孩子的注意力不能长期集中，背着背着就走神发愣，或说笑玩耍起来，这时老师就会大声地斥责道："接着念！"

那时，我属于年龄最小的，只好从《百家姓》读起，比我年龄大的就可以读四书五经了。有时，我看他们背得挺热闹，便模仿着跟他们一起背，但又不知道词儿，就呜噜呜噜地瞎哼哼。这时，老师就过来拿书照我的头上轻轻地打一下，训斥道："你背的这是什么啊？尽跟着瞎起哄！"诸如此类的淘气事，我也没少干过。

当然，许多孩子读私塾时，还是挨过打的，但常常是各有原因。

沈从文读私塾时挨过打，这被一些人引用，来证明私塾是打孩子的。但仔细阅读沈从文所写的回忆文章，我们会看到，沈从文挨打有自己的原因：

6 岁时我已单独上了私塾。凡是私塾中给予小孩子的虐待，我照样也得到了一份。当初上学时我因为在家中已认字不少，记忆力从小又似乎特别好，比较其余小孩，可谓十分幸福。第二年换了一个私塾，在这私塾中我跟从了几个较大的学生，学会了顽劣孩子抵抗顽劣塾师的方法，逃避那些书本去同一切自然相亲近。这一年生活形成了我一生性格与感情的基础。我间或逃学，且一再说谎，掩饰我逃学应受的处罚。

沈从文对学堂中读书没有兴趣，他说：

领导我逃出学塾，尽我到日光下去认识这大千世界微妙的光，稀奇的色，以及万汇百物的动静，这人是我一个姓张表哥，他开始带我到他家的橘柚园中去玩。他教我说谎，用一种谎话对付家中，又用另一种谎话对付学塾，引诱我跟他各处跑去。我的心总得为一种新鲜声音，新鲜颜色，新鲜气味而跳。我得认识本人生活以外的生活。我的智慧应当从直接生活上吸收消化，却不须从一本好书一句好话上学来。

沈从文还更形象具体地说：

我生活中充满了疑问，都得我自己去找寻答案。我要知道的太多，所知道的又太少，有时便有点发愁。就为的是白日里太野，各处去看，各处去听，还各处去嗅闻，死蛇的气味，腐草的气味，屠户身上的气味，烧碗处上窑被雨淋以后放出的气味，要我说来虽当时无法用言语去形容，要我分辨却十分容易。蝙蝠的声音，一只黄牛当屠户把刀刺进它喉中时叹息的声音，藏在田间土穴中大黄喉蛇的鸣声，黑暗中鱼在水面泼刺的微声，全因到耳边时分量不同，我也记得那么清清楚楚。

彼时沈从文有作家的潜质，对大自然的热爱是他的天性的一部分。他逃学，是其潜在的艺术家的个性所决定的。他喜欢大自然的光影声色，对真实世界的一切都有强烈的好奇心，因此私塾的读经教育不能让他得到满足。沈从文也不是没有背诵经典的能力。他说："只要我不逃学，在学校里我是不至于像其他那些人受处罚的。我从来不用心念书，但我从不在应当背诵时节无法对付。许多书总是临时来念十遍八遍，背诵时去居然朗朗上口，一字不遗。"他不是没有读经的能力，更不是反对传统教育，而是有更有意思的东西在吸引他。

郭沫若在《少年时代》一文中讲，自己入私塾读书，私塾先生用竹棍打得他又喊又叫，并且打的还是脑壳，他经常顶着满脑袋的肿包回家。妈妈可怜他，就给他找了一顶硬壳的毡帽，"这顶帽子便是一个抵御先生刑具的铁盔了。先生打起只是震天价地响，头皮一点也不痛"。但是好景不长，有一次他和哥哥争起这顶宝贝帽子来，让先生识破了其中的秘密，以后打他，总是先把帽子揭起来再"用刑"。

这些事情应该是有的，但回忆中的细节以及所带的感情，也可能是后来才有的。郭沫若讲到少年读唐诗时曾这样说："唐诗中我喜欢王维、孟浩然，喜欢李白、柳宗元，而不甚喜欢杜甫，更有点痛恨韩退之。韩退之的诗我不喜欢，文我也不喜欢，说到他的思想我更觉得浅薄。这或者是后来的感情也说不定。"他对读私塾的回忆，有可能也是这样的。

二、学生主体性

从语文本体构成的文化特性来说，语文学习实质上是一种与语文所负载的文化对话的活动，它有助于学生涵养文化精神，丰富文化底蕴，建构自我的文化情感和心灵世界。教师作为平等的对话者，参与学生语文学习的活动，就需要有渊博的学识和丰富的情感智慧。应该说，情感智慧是现代人必须具备的一种素质，而现代的教师更需要具备这种素质。这不仅是新课程教学改革与发展的召唤，也是语文教育文化过程本身所具有的情感性特点的要求。

长期以来，语文教学存在一个严重问题，即学生主体参与语文学习的空间萎缩。虽然被动学习、接受学习现已受到挑战，但教师往往有意无意地强调"智力顺从"，把学生的学习拘囚于自己的思维框架之内；学生依然是被动地接受学习，使语文教学气氛沉闷，缺乏生气和活力。教育部新颁布的《全日制义务教育语文课程标准（实验稿）》中明确规定："学生是学习的主体。"这说明让学生主体参与语文学习，变革语文学习方式，即变被动学习、接受学习为自主学习、探究学习，培养学生的主体意识，实施体验性学习策略，开放语文教学空间，建构学生主体参与语文学习的运行机制，是目前语文教学改革、创新与发展的一个重要课题。

1. 主体性角色期待：学生主体参与的心理前提

"角色概念是由戏剧中引申而来，它是指处于一定地位中并按其相应的行为规范行为的人。""一个人获得了某种社会地位，他就扮演着某种社会角色，而这个人的角色行为便应符合社会或团体对该角色的角色期待或约定俗成的角色规范。"在教学活动中，教师和学生的角色都是双重的。而从学生的本体角度来看，学生应担当学习主体的角色。学生是否具备这种角色意识，制约着其应有的主体能力能否得到充分发挥。

但是在现实语文教学中教师意识里缺乏对学生的主体角色期待，学生的主体地位得不到确认，其自身更没有主体角色期待的自觉意识。这种"目中无人"的教学与"师传生受"的教学观念势必造成对学习主体的冷落。特别是与这种教学观念相应和的"一背景、二段意、三主题"的注入式概念教学模式，使原本蕴含着丰富的人文内涵、情感价值和审美趣味的课文被肢解，变为寻章摘句的烦琐分析；生动活泼的听说读写训练变成机械刻板的文字操练。学生在教师的控制下没有潜心领悟课文的机会，一味接纳，无须感悟，无须体味，思维囿于教师的设计之中。学生在语文学习中处于这种主体压抑的状态必然导致主体意识薄弱，没有学习的自主性，不能进行发现学习、探究学习，主体人格、探索精神和创造能力都得不到发展。

现代教学认识论告诉我们：学生是认识的主体，发展的主体，处理信息的主体。他们以学习者的身份参加教学活动，其主要形式不像一面镜子似的接受客体的反映，也不像录音机似的听取和储存教师的语言信息。他对自己认识的客体具有能动性，是在主动地同客体交往的过程中，取得正确认识，促进自身的成长。如果一个学生只是被动地接受学习，不能主动地去观察问题，不能主动地对各种信息材料进行分析研究，是不会学好的。学生只有把自己当作学习的主人，积极建构认知图式，才能使获得的知识真正内化为自己的精神财富。可以说，教与学成功的关键是学生主体性的确立。语文学科要求学习者具备很强的主体性。"认识和应用一篇篇范文（客体），认识客观事物和生活现象（客体），把自己的认识和情感制作成一串串有意义的声音流和一篇篇作文（客体）"，都是学生主体在言语实践中所表现出来的主体性。

正因如此，在语文学习活动中，学生对自己的主体角色应有正确的意识。

所谓主体意识指"作为认识和实践活动主体的人对自身的主体地位、主体能力和主体价值的一种自觉意识"，"包括主体的自我意识和对象意识"。当然教学过程中的学生还只是不成熟、不完全和发展中的主体，但其最大的特征是存在着主体性的巨大潜能，所以主体意识和主体能力需要培养和发展，使其从"潜在"不断地永远地变成现实。钱梦龙曾在《关于教学观的对话》中讲道："我们的学生长期习惯于老师嚼烂了喂，一旦让他们自己咀嚼消化，肯定有一个一时不适应的过程，他们尤其缺乏的是主动参与的意识，这就阻碍了认知潜能的释放。"教师应"唤醒学生沉睡的求知欲，鼓励他们到求知的实践中去锻炼自己，培养能力"。这就告诉我们：语文教学必须摒弃"接受学习"的教学模式，采取主体性教学策略，致力于自主性教学设计，发掘学生内在的学习潜能，唤醒学生的主体角色期待，激活主体意识，促进主体人格的建构。

2. 体验性学习策略：参与语文学习的特殊之维

语文学科具有工具性和人文性的整合属性。因其具有工具性，所谓"操干曲而后晓声，观干剑而后识器"，所以唯有亲身历练，才能掌握牢固。因其具有人文性，展示多彩的生活画卷，蕴含丰富的生命和情感，所以唯有感受、涵泳、体悟，才能获其真味，内化成功。而历练、感受、涵泳、体悟均传达出"以身体之，以心验之"的"体验"内涵。进行体验性学习，是学生主体参与语文学习的一个重要而特殊的维度。

"体验"概念最初由19世纪德国生命哲学家狄尔泰提出。在他看来，"体验"特指"生命体验"，是"构成个人生命经验的基石"。体验具有本体论意义，"是一种生命活动状态，是个体在当下的一种悟解、领会、观照、神思状态，是一种高度澄明的心灵境界"。语文学习倘若以动情的文本感受取代冷漠的知性分析，以学生自己多样的阅读、写作体验代替"唯书""唯上"的程式化教学，那么语文课将不仅是学生获得语文知识、习得语文能力的场所，更会成为学生开启心智、体验人生、陶冶情操的地方。《全日制义务教育语文课程标准（实验稿）》主张阅读教学应"注重情感体验"，"重视语文的熏陶感染作用"；写作"要感情真挚，力求表达自己对自然、社会、人生的独特感受和真切体验"。可见体验性学习正作为语文教学的崭新理念渐趋人心。就写作而言，学生写的每篇作文和日记都是他们心灵活动的折射，情感体验的倾诉，成长历程的记录。就阅读而言，学生学习的过程就是对文本体验的过程。文本就是在体验中生成的，是作家体验的凝结，具有情感的诗意化，意理的深刻化和感受的个性化特征（童庆炳语）。选入语文课本的作品均为文质兼美、难度适中的文本。阅读活动应让学生通过言语活动充分感受作家的生命律动、情感起伏，体悟人生的意理、生命的真谛，习得语言习惯并完善自己的精神世界。实现灵魂对灵魂的塑造，人格对人格的塑造是其根本旨归。体验性学习是建构课文与学生之间的"心灵对话机制"的一条有效途径。

体验的亲历性培养实践主体。体验总是"从主体自身的生命状态和切身感受出发，把自己置身于对象中进行领悟"，全身心地参与和投入，主客体将达到自然融合、物我两忘的状态，因此体验是亲力亲为的。课文大多具有开放的"召唤结构"，即有许许多多的"空白点"和"未定点"有待于读者的填充和补足。波兰现象学家英伽登在文学艺术作品中发现了"空白点"，认为它们迷离恍惚，难以确定，而唯一的解决方法就是靠读者体验。当读者以体验去"填空"时，作品才会充满、完整、具体化。在语文教学中应让学生成为阅读体验的主体，成为真正意义上的读者。传统的"接受学习"教学模式剥夺了学生主体感受美、体验美的权利；过度强调范式，束缚了手脚，抑制了学生体验能力的发展。语文教学的职责应体现在：引导学生发挥潜能，运用聪明才智，靠自身体验完成对文本的创造性填补和想象性联结，充分参与文本意义的建构，提高文本解读能力。

体验的形象性培养审美主体。体验是主体的一种感性活动。文本是充满生命情感的载体，它以具体可感的感性形象，生动逼真的意象吁请读者的想象与创造，因此，文本体验是一种情感的领悟、价值的叩问。语文教师应根据文本体验的这一特性精心创设教学情境，将平面静止的文字还原为立体丰富的形象，将死的语言赋予活的生命力，召唤学生的情感，让他们亲临其境，调动感知觉，运用自己活跃的思维和丰富的想象进行阅读活动，感受生命价值的提升。

语文教学过程应由"一种权力控制之中的程序运作走向个体全身心参与，并使个体身体感觉得以阐扬的审美化的教育历程"，使学生成为精神主体和审美主体。体验的形象性由此导向美育之域。这才是语文教学的真正命意。

体验的个性化培养主体。体验是一种自主自觉的活动，必然受到自己经历、动机、情感、气质等的"塑造"，成为个体独特的感受。不同的文本是作家弹拨出的"自己的声音"。学生由于阅读期待视野的不同也会引发对课文体验的差异。教师应尊重这种差异，尊重每个学生的"发现"。学生以"发现者"的身份浸润在对文本的体验中，也是对其创造性的熏陶和激发。因此，呆板单一的课堂教学模式应革除，而代之以民主化教学。在宽松的氛围中，学生与文本、学生与教师、学生与学生之间平等地对话与沟通，碰撞出新的思维、新的灵感，学生在不知不觉中拓宽期待视野，提升体验能力，最终达到"人文互动、体验自主"的境界。

3. 开放式教学系统：拓展主体参与的语文空间

任何系统，只有不断地从外界输入能量，才能发挥高度的效益，语文教学系统当然也不例外。但现实的语文教学在很大程度上仍处于封闭状态，囿于课堂与课本，静止而无变化。如果学生的目光囿于水泥的四壁，目标定位于提高应试能力，语文学习的兴趣将难以保持和提高。开放语文教学系统、拓展语文学习空间是促进学生主体参与语文学习，提高学习质量的出路。

开放语文学习空间必然关涉语文与生活的关系。作为母语教学，语文比其他学科与生活的关系更加密切，更加广泛。我们都知道有句名言，"语文学习的外延与生活的外延相等"，一语中的地指出语文与生活水乳交融的联系。语文天然地与我们的生活联系在一起，它产生于生活，又服务于生活。叶圣陶指出，语文是"生活上的一种必要工具"。哲学解释学则从本体论的高度阐释语言，认为"人类创造的语言并不单单是一种工具，而是自己的生存方式"，并进一步表述"只有语言才是使人成为作为人的生灵"，可见，"语言不但是人的一种存在方式，它就是存在本身，人就生存在语言之中"。因此，可以说，语文学习是跨越生命历程的终身学习，是涵育生命的精神经验学习。"生活处处皆语文，语文无处不生活。"只有让学生充分认识语文学习的持久性和重要性，才能激发主体参与的动机和热情。

课堂教学是规范化、计划性的语文学习形式，但并非语文学习的全部。广阔的生活空间的每一个角落都是语文学习的课堂，语文教学应引入生活之源。

初中语文课程标准指出，语文作为"母语教育课程，学习资料和实践机会无处不在，无时不有"，因此应让学生"在大量的语文实践中掌握运用语文规律"。首先，应根据学生实际情况寻找课文内容与生活的最佳契合点，让学生带着自身的生活体验走入课堂，以引发情感的共鸣。刘国正曾讲道："语文的活动不能理解为与学生的生活相隔离。教室的四壁不应成为水泥的隔离层，应是多孔的海绵，透过多种孔道使教学和学生的生活息息相通。"其次，课堂的学习成果要延伸到生活中去，运用习得的语文本领寻找与生活中相关或类似的内容加以训练、巩固，学以致用。只有依靠生活这一源泉指导学生的语用实践，才会使学生对语言产生亲近感、新鲜感、生动感和实战感，学习起来欲罢不能。

实践证明，让语文走向生活并非架空的理论，而是切实可行的。吉林省文毓中学的"语文教育与人的发展"课题实验即是成功的一例。它以"使生活成为语文的内容，使语文成为生活的工具"的理念为指导思想。"生活体悟"是课题的重要内容，集生活教育与语文教育于一身，集听说读写于一体，设计了"东方时空"和班会感悟课。两种课型使学生从封闭的课堂走进开放的社会，篇篇习作反映出他们对生活的热切关注和对人生的冷静思考。同样在宜昌的"课内外衔接语文教学实践课题"中通过课外阅读活动、社会调查活动将语文学习导向生活，确立了学生的主体性地位，开辟了语文学习之"源"，疏导了语文训练之"流"。这弥补了课堂教学的不足，全面反映了社会生活对学生语文知识和能力的要求，学生在探究解决实际问题的过程中，有了更多的触摸社会、锻炼语言的机会，同时更加深切地感受到语言在生活中的本真含义。

在课堂中渗透生活的因子，可以加强语文学习的活性；在生活中找寻语文的身影，可以拓展语文学习的领域。一言以蔽之，语文学习只有与生活相维系，才有生命的活力，才能开辟学生主体参与的无限空间。

三、新型师生关系

（一）小学教育中建立新型师生关系的必要性

小学生正处于身体发育阶段，对外部世界的认知正处于形成阶段，在学校深受老师的影响，所以良好的师生关系是学生学习、成长过程中必不可少的重要因素。但在现实的考试制度下，更多的是老师如何讲、学生如何学，只要学生掌握了老师所讲的知识，能考个好成绩，就算达到了教学目的，形成了"老师死教，学生死学"的学习模式。在这种传统教育模式下，师生关系较为疏远，甚至关系紧张，双方难以敞开心扉、畅所欲言，小学生感受不到求知与参与的快乐。哲学家弗洛姆曾经说过："教育的对立面是操纵，它出于对孩子潜能的增长缺乏信心，认为只有成年人去指导孩子该做哪些事，不该做哪些事，孩子才会获得正常的发展。然而这样的操纵是错误的"。[①]

在现代教育理论体系中，教与学是相互作用的关系，老师与学生是交互主体性的伙伴

---

① ［美］弗洛姆. 为自己的人 ［M］. 孙依依译. 北京：三联书店，1988.

关系，建立一种新型的平等、民主、和谐、互动的师生关系应成为教育工作者努力的方向，只有建立新型师生关系，学生才能真正放开自己的心灵，在平等融洽的氛围中，视老师为伙伴、知心朋友，充分发表自己的心声，展示自己的个性；老师才能准确地把握每个学生的心理需求，有针对性地点拨、指导，促使其不断健康发展，更好地促进我国教育事业的进步。事实上，大城市的不少小学生在信息技术、网络运用、外语水平、业余特长及知识视野等方面甚至超过了某些老师，出现了1000多年前韩愈在《师说》中所提到的"弟子不必不如师，师不必贤于弟子"的现象。这种现象的出现，更加要求小学教育中尽快建立新型的师生关系。

（二）新型教师具备的品质

对世界各国20世纪90年代小学教育改革具有广泛影响的《从现在到2000年教育内容发展的全球展望》一书指出："时代要求人们必须培养下一代能面对世界重大问题和迎接明天社会的挑战"。为组织这样一种适应21世纪的小学教育，我们需要有新型的小学教师。

1. 创造型

要适应未来社会对创造力的要求、培养有创造力的人才，小学教师应成为创造型的教师。所谓创造型的小学教师，按照美国创造教育研究权威史密斯的说法，就是善于汲取教育科学提供的新知识，在小学课堂教学中积极加以运用，并能发现新方法的小学教师。而休斯曼斯则认为，创造型小学教师，是一种具有依靠自身的特殊感化力量改革他人的能力的人。前者强调创造型小学教师要善于汲取新知识、运用新知识、创造新方法，后者则强调创造型小学教师要具有创造型人格。

2. 完整型

美国认为，完整型小学教师既是学者和教学者，又是交往者和决策者。美国肯特州立大学师范教育改革方案提出，小学教师首先应当是学者。既要成为其主修专业的学者，又要成为小学教师专业的学者。但作为一个好的小学教师，只解决"教什么"还不够，还要解决"如何教"。因此，小学教师必须是一个教学者。改革方案进一步认为：小学教师工作的成败往往有赖于他们能否在教育教学过程中与学校领导、同行、社会各界特别是小学生集体建立良好的交往关系。小学教师必须是一个良好的交往者和决策者。必须善于运用所学知识，在教学中果断恰当地判断问题和有效地解决问题。苏联认为，完整型小学教师就是有学问有教养的全面和谐发展的小学教师。

尽管各国对完整型小学教师理解不同，但有一点是共同的，都要求小学教师从学科知识型转向素质全面型。

（三）小学教育中建立新型师生关系的途径

对于小学生来说，老师的人格和素养是任何力量都不能替代的重要因素，所以说，新型师生关系的形成在很大程度上取决于老师。老师精深的学问、友好的态度、儒雅的修养、高尚的人格，都会成为小学生们观察、学习、效仿的对象。一个优秀的老师必须主动地调节自己与学生之间的关系，从而使其教学既民主又科学，既严谨又生动。那么，如何建立新型师生关系呢？

1. 确立新角色，采用新方法

1983 年邓小平同志为北京景山学校题词："教育要面向现代化，面向世界，面向未来。"这几句话其实是对教育界尤其是全国小学老师提出的要求，那就是如何面向未来。通过多年的教学工作和长期思考，笔者认为要不断提高自身理论知识和教学艺术，使新的教育思想和教学方法渗入到教学过程中才能达到寓教于乐的良好效果，正如有人说过的，"如果把学习做成一颗巧克力，孩子如何能不喜欢；如果把学习做成一颗牛黄解毒丸，孩子又如何能喜欢？"

在日常的教学工作中，笔者尝试采用"讨论式教学"，启发学生主动思考，允许学生发表自己的意见，可以有自己的理解，只要没有硬性错误就给予鼓励与表扬。如此一来，学生课上的积极性提高了，老师又能随时掌握学生对问题的认知情况，更重要的是拉近了师生之间的距离。新型教学方法的改进不是生硬地改进，而是重在培养学生的参与能力，在这个过程中，学生不再被动地接受知识，而是饶有兴致地按照自己的需要进行观察、调查、表述等。就像苏联著名教育家苏霍姆林斯基曾经指出，让实际事物教给儿童思考这是使所有正常儿童都变得聪明、机敏、勤学、好问的一个极其重要的条件。在这个过程中，老师的角色由灌输者、管束者、组织者逐渐转变为合作者、参与者、引导者，极大地密切了师生关系，为教学工作的进一步开展打下了良好的基础。

2. 拓展新思维，营造新氛围

良好的师生关系是教学成功的关键因素之一，在教学中老师要积极参与学生的学习过程，拓展新思维，创造宽松、和谐的学习氛围，为学生提供生动活泼、主动发展的空间，以培养他们的主体意识、自学能力和创新精神。

尊重学生的人格与好奇心。现代研究显示，一个 5 岁孩子对外界的感知事实上已经和成年人没有太大的区别，在交流时应把他们当成人来看待，给予应有的尊重。无论成绩好坏，无论性格外向或内向，对待学生一视同仁，要让每一个学生在人格上得到最大的尊重，让每一个学生都有健全的人格。再说，世界上没有两片完全相同的树叶，我们所面对的每一个学生都是生命的个体，每个孩子都是独一无二的。

要保护学生的好奇心，鼓励并允许学生发问，对于学生在学习中的提问，要抱着鼓励和欣赏的态度。所以，教学活动是"教学相长"而不是单向的知识传授，是师生双方都受益的双向互动过程。

要发展学生的自信心，让学生更有意义的学习。足球被称为全世界第一运动，但中国足球的水平整体处于落后的位置，多次努力都未能进入足球世界杯的决赛圈，南斯拉夫人米卢蒂诺维奇担任主教练后，其在技战术上并没有带来新的东西，但他却是一位成功的心理调节大师，提出了"快乐足球"的理念，深受队员欢迎。与此同时，正确地评价自身能力，寻找与自己实力相差不大的队伍练兵，提高了队员的自信心，从而实现了把中国队带进了世界杯决赛圈的愿望。在教育教学过程中，老师对孩子的评价也不能只局限于他的学习成绩，每个学生都有各自的优点和缺点，学生各方面全面发展才是教育的目标。所以对学生要多一些鼓励，少一些抱怨，让学生更有意义的学习。美国著名心理学家奥苏贝尔（D. P. Ausubel）在教育心理学中最重要的一个贡献是提出有意义的学习，这是一个与机械学习相对的概念。他的重要论断是：有意义的学习才是有价值的。

3. 掌握准确信息，认知学生特长

一位家长曾经讲述过多年前发生的一件事，令人感慨颇深。小学三年级时，有一次老师布置写作文，为了让老师满意，写好以后他还让家长帮着检查并重抄了一遍。但第二天要求交作文时，他发现忘记带了，老师很武断地说他"撒谎"，当着全班同学的面批评了他。后来，他把作文交上后，老师用怀疑的口气问他："是自己写的还是抄别人的？"这件事对这位家长影响很大，虽然毕业多年，但"至今都不能原谅这个老师"。试想，如果老师把问题搞清楚，不这么武断下结论，或者尝试用一种新的沟通方式与这位学生交流，效果肯定不同。

没有一个学生是全能的，也没有一个学生是无能的。作为老师，尤其不能仅凭一时一事妄自对学生做结论，而应该发现每个学生的个性特长，看到每一个孩子的闪光点，不要吝啬赞美之词，对学生的努力予以肯定，并尽可能地创造条件，让学生各展其能、各显其才，使其享受到成功的快乐，激发他们的斗志，从而更能让孩子们感到教育的温馨、学习的快乐、生活的美好、世界的美丽。

（四）构建新型师生关系应注意的问题

邓小平同志说："我们提倡学生尊敬师长，同时也提倡师长爱护学生。尊师爱生、教学相长，这是师生之间革命的同志式的关系。"这就是社会主义的新型师生关系。

1. 民主平等

确认小学师生的社会地位在政治上、人格上是平等的。小学师生在学校中，小学教师是指导者，学生是被指导者，小学生是学习的主人，小学教师是为小学生服务的。他们都是为了一个共同的目标而完成各自的教授任务和学习任务，不存在身价高低之分，师生在真理面前是平等的。在此基础上、形成了同志式的民主平等的关系。

社会主义师生的民主平等关系强调教学民主。教师对学生负有教育管理的职责，学生要听从教师的教诲、虚心接受教育，但教师也要向学生学习、征求学生意见、认真接受学生提出的合理意见和要求。教师容许和鼓励学生提出疑问和不同见解，师生共同服从真理，探讨真理。

2. 爱生尊师

教师对学生的爱是学生尊敬教师的前提。小学生是正在成长的新一代，他们代表了祖国的未来。在小学生身上寄托着国家和民族的希望。小学教师出自对祖国的热爱和对教育事业的忠诚与责任感，把全部的爱倾注于小学生身上，关心他们的健康成长。师爱虽然包含对小学生个人的爱，却不是专门针对某些少数个人的爱，而是针对小学生全体中的每个人的爱，也就是陶行知说的"爱满天下"之爱。师爱有着丰富的内涵，他以诲人不倦的精神引导小学生不断前进。

小学生尊敬教师是同尊重教师的劳动和奉献精神、尊敬教师的人格风范和尊重科学等联系在一起的。小学教师为人师表和小学教师对小学生深沉的爱是小学生尊敬小学教师的源泉，同样也是激发小学生热爱小学教师的源泉。

由此看来，在爱生尊师之中，爱生第一，尊师第二。

3. 心理相容

小学师生心理相容是指小学教师和小学生集体之间、小学生个人之间，在心理上彼此协调一致，并相互接纳。小学师生心理相容是他们彼此相互了解，观点、信念、价值观一致的结果。它意味着小学教师的行动能引起小学生集体和个人相应的反响，得到小学生集体和个人的肯定。心理相容营造小学师生之间的融洽气氛，它对维系正常的小学师生关系起着重大的作用。如果小学师生之间心理不相容，就会发生各种冲突，一方的行为引起另一方行为的否定反应，发展下去就会导致小学师生正常关系的破坏和瓦解。

4. 教学相长

教学相长的新型小学师生关系，最早是从我国 2000 多年前的第一部教育著作——《学记》中提出来的。其原文是："学然后知不足，教然后知困，知不足然后能自反也，知固然后能自强也。故曰：教学相长也。"这段话，朴素简洁的语言，揭示了教学相长的客观规律。这是古今中外的教学普遍存在的颠扑不破的真理。

从今天新的认识水平来看，教学相长的主要特征是：第一，教学相长反映了社会主义小学师生的关系和特点。在党的领导下，小学师生以社会主义现代化建设为共同目标，彼此民主、平等，互相尊重、爱护，团结互助，协同合作，为成功的教学创造了良好的心理条件。第二，教学相长揭示了教学双边活动的规律。

5. 以身作则

小学生都有一种向师性。因此，小学教师做到以身作则、为人师表对小学生就有明显的表率作用。

以身作则、为人师表是小学教师职业道德的一个重要特征。小学教师职业的特殊性在于育人，不仅用自己的学识去教人、更重要的是用自己的高尚品德去育人。[①] 在教育过程中，小学教师的人格本身是一种教育因素，直接影响小学生的人格，对小学生良好思想品德的形成有着潜移默化的作用。因此，小学教师必须在思想品德、学识才能、语言习惯、生活方式和举止风度等各方面成为小学生的表率。具体地说，新型的小学师生关系要求小学教师必须具有高尚的道德情操和崇高的精神境界，树立优良的教风和具有文明礼貌的风度。

6. 善于制怒

小学教师要善于控制自己的感情、克服自己的消极情绪，发展自己的积极情绪。在教育教学过程中碰到一些令人难以忍受的情况时，作为小学教师必须头脑清醒，沉着冷静，千万不能发怒，千万不能辱骂小学生，更不能对小学生进行体罚。否则，不但不能解决任何问题，反而会使师生之间的关系更为紧张，使师生双方都对对方耿耿于怀，不利于小学教育过程的顺利进行。

对于小学教师来说，善于制怒，善于控制自己的情感、行为，能够抑制无益的激情和冲动，这既是职业道德修养必不可缺的心理品质，也是衡量小学师生关系好坏的尺度。

7. 一视同仁

小学生之间不仅在生理和心理方面存在着差异，而且在学习态度、遵守纪律和家庭条件等方面也有这样或那样的不同。小学教师应当对小学生一视同仁，以教育好每一名小学生为出发点，针对小学生的不同特点施加有益的影响。但是，在小学实际工作中并非所有的小学教师都能客观、公正地对待小学生。有的只喜欢成绩好的小学生，不喜欢成绩不好

---

① 陈燕. 小学语文中华传统文化 中华经典主题文化 [M]. 宁波：宁波出版社，2017.

又不听话的小学生，有的甚至根据小学生的家庭情况来权衡自己对小学生的态度。这些虽然是个别现象，但对形成新型的小学师生关系极为不利。

总之，我们一定不能忘记教育的本来内涵。教书是为了育人，对于任何一所学校和每个家庭来说，培养一个会生活、懂生活、能够享受生活乐趣的人，远远比培养一个只会学习考试的"应试机器"更重要。所以，要让教育重新回归"人"的教育，使教育在尊重孩子天性的起点再次出发，让孩子们得到更多、更全面的素质教育、人格教育、情感教育、审美教育及快乐教育。

第五章 传统文化融入小学语文教学的案例实践

作为语文教师，应责无旁贷地担起传统文化融入小学语文教学的这份神圣使命，把民族文化的精髓有层次、有系统、有广度、有深度地渗透在语文教学中，内化在学生的精神中，让优秀的传统文化随着时代的发展依然绽放着精神之花、民族之魂。本章主要探究传统文化融入小学语文教学的案例与实践。

第一节　识字与吟诵教学案例

一、识字教学与学生智力发展

人类在劳动中创造了语言，到了距今 6000 年前后，又创造了文字。文字突破了口头语言在空间和时间上的局限。汉字是世界上最古老的三种文字之一，是世界上唯一没有中断的文字。埃及的圣书字、巴比伦的楔形文字都早已消失，唯独汉字几千年沿袭不衰。

汉字有两宝，一是"书同文"，传承了中华优秀文化，二是发展了人的智力。从秦汉时代的隶书到今天使用的汉字，形体上没有太大的变化，所以汉字能超越时间和空间的限制。先秦两汉以来的古书，今天的人通过学习还能读懂。可以设想，如果古书是用拼音文字写成的，那么现在的人就读不懂了。我国疆域辽阔，方言很多，甚至一个村子能讲两种方言，方言的发音相差很大，操不同方言的人彼此交谈起来就很困难。但是如果写成汉字，词汇、语法是相同的，彼此就能沟通了。因此，书同文，使我国 5000 年的悠久文化代代相传，汉字成为中华民族凝聚力的一个重要特征。

汉字又是启迪思维、开发智力的有力武器。1973 年 5 月，美国费城举行第六次世界人类能力开发会议，日本学者石井勋写的一篇关于日本儿童学习汉字提高智力的论文获得金奖，被授予"对世界人类作出贡献"奖。从此，汉字对智力的发展的研究，引起人们广泛的注意。

汉字对发展青少年智力的贡献，在于汉字的形象性，形、音、义结合的特征。据报载，英国韦尔科姆基金会研究机构的科学家发现，讲英语的人只用一边的大脑来理解语言，而讲汉语的人则用两边的大脑来理解语言。讲英语的人理解别人讲话时，只有大脑的左颞叶是活跃的，而讲汉语的人理解别人讲话时，使用左右两个颞叶。

1996 年 7 月 10—13 日，北京育才学校在中国人民解放军三〇六医院副主任医师赵旭和北京教育学院宣武分院教研员赵玉琦老师的帮助下，运用"事件相关电位"的现代脑科学测试方法，以小学一年级的试验班与对照班（普通小学一年级）各 20 名学生做比较，以事件相关电位、反应时、辨识成绩等指标，观察不同教学方法对学生学习效果的影响：测试形象字与非形象字对小学生学习效果的影响；探索采用形象教学方法后，在小学生识字教学过程中，右脑思维活动是否有所加强。测试结果表明：认形象字比认非形象字操作成绩明显效果好，形象教学法明显比非形象教学法效果好；试验组认形象字时，大脑认知加工活跃，尤其是右脑加工明显活跃。这是形象教学法对于多媒体教学十分有意义的脑科学测试。测试表明，学习汉字对大脑智力的开发有重要的价值。可见，学习汉字，左右脑并用，是汉字比拼音文字更有利于开发智力的脑科学根据。

识字教学中，如何促进智力发育，我们的体会是：一要用形象化方法来识字，形象化的方法既切合汉字的特点，又符合儿童年龄的特点，它能使文字既好懂又好记，促进儿童多识字。因此，可以利用多媒体技术的优势来进行识字教学。二要在形象化识字过程中发展形象思维，培养儿童的观察、联想、想象能力。

（一）指导思想与理论依据

培养学生主动识字的愿望和独立识字的能力是《义务教育语文课程标准（2011 年版）》在识字与写字部分着力强调的基本理念。第二学段提出"对学习汉字有浓厚的兴趣，养成主动识字的习惯"，并逐步提升为"有初步的独立识字能力"。因此，在识字教学中，根据本课生字、词语和学生学习需求的特点，教师在培养学生主动识字的愿望和独立识字的能力过程中，把握生字的特点，运用自主汇报的形式，结合预习作业激活学生的识字愿望，运用字理识字教学质疑解疑，激活学生思维，帮助学生在生字的音、形、义和词语积累方面有所收获。

通过多种形式的朗读，语言的积累和动笔实践活动，使学生掌握本课生字的字音、字形，区分容易混淆的形近字。

1. 激发识字兴趣，引发探究欲望

"成功的教学所需要的不是强制，而是激发学生的兴趣"，识字教学尤其如此。如何在一堂课上使学生变被动学习为主动学习，变"灌输"为"乐学"，兴趣的激发很关键。古人云："感人心者莫先乎情。"在教学设计时，教师努力开发文本资源，激发其学生的识字兴趣，创设恰当的教学情境激发学生的识字潜能，为学生提供良好的相互启迪、相互碰撞的思维空间，使学生自然而然地走进生字。

2. 开放识字课堂，拓展探究空间

学生对学习有了浓厚的兴趣，必然会主动探究识字的方法。所以，我们在进行识字教学时，应把识字的主动权交给学生，让他们在自由的空间里学习，培养学生的独立识字能力和探究能力。教学中教师力求培养学生自主学习的意识和习惯，引导学生以积极的态度参与到探究中来，最大限度地发掘他们探究的能力。在这个过程中，随着知识的积累与体验，总结出来的规律增多，独立识字的能力也就会自然形成和发展。

3. 运用字理识字，培养探究精神

汉字字理本身就是文化的组成部分，它还透露出其他丰富的汉民族文化信息，如思维特点、宗教信仰、哲学思想、伦理道德以及风俗习惯等，所以分析字理，在传承民族文化的同时对学生的探究精神起到了激发和引领的作用。这种教学经验的基本原理是通过对象形、指事、会意、形声、转注、假借等造字方法的分析，运用直观联想的手段进行识记字形，以达到识字的目的。识字教学建构了学生主动获取、认知内化的教学机制，即在教学中让学生提高识字兴趣，养成主动识字的习惯，提高学生的识字能力，发展形象思维。教学中教师尊重学生的独特体验，珍视学生独特的感受和理解，鼓励学生对生字的自我认识、自我解读，使学习过程真正成为个性化的过程，从而体现出学生的探究精神。

（二）教学背景分析

1. 教学内容分析

《女娲补天》是人教版第六册第五组的一篇讲读课文。本课共有生字 13 个，其中有 3 个多音字："露、挣、喷"。"隆、喷、缺、炼" 4 个字中都出现了学生极易出错误的笔画，这四个字的易错笔画可以利用字理识字教学法，帮助学生准确掌握字形，激发识字兴趣，让学生逐步感受到汉字在中华民族的文化中的价值和意义。还有容易混淆的形近字可以利用偏旁表意的方法帮助学生加以区分。本课生字是落实重点训练项目，培养学生养成主动识字的习惯、有初步的独立识字能力、发展学生形象思维的好材料。课文第一自然段中的 3 至 6 句话中出现了几个有规律的词语：燃烧、挣扎、围困，教师巧妙地进行文本开发，引导学生发现这些词语偏旁相同，两个字的意思相近的规律，激发学生学习汉字的兴趣，帮助学生总结掌握规律，积累优美词语。

本课生字教学，紧紧抓住生字的特点，依据学生的识字需求开展教学活动，让学生结合自己的预习作业和以往的识字写字经验进行自主交流。在平等、合作、探究的基础上培养学生主动识字的兴趣。在老师的点拨和字理教学指导下，更多地关注在识字过程中学生的体会和认识以及识字方法的尝试和探索，逐步提高学生的独立识字能力，这样既突破了难点，又巧妙开发了文本资源和学生资源，优化了课堂教学结构。

2. 学生情况分析

三年级第二学期的学生已经有了一定的识字基础，对生字的学习并不陌生。由于从低段开始对学生进行系统的预习和识字方法的指导，学生能结合以往的学习经验对生字提出一些易错字音和易错笔画的生字问题。学生能在老师的引导下利用查字典等方法解决一些识字中遇到的问题，总结规律。但生字字形是怎样演变而来的，为什么那些容易错的笔画要这样写，以及汉字内容所涉及的社会背景，学生不一定了解。

另外，由于三年级识字量的增加，形近字越来越多，学生出现错别字、混淆字的现象也随之增加。因此，以上两个方面是教学中应十分关注的问题。

3. 教学方法与教学手段的说明

自主交流：让学生参与探究和识字实践，使学生结合自己的预习情况在交流中思考，珍视学生独特的感受、理解和体验，从中受到汉字文化的熏陶。

质疑思考：根据重点生字提出问题，在解决问题中深入了解生字的特点，掌握识字规律，培养独立识字能力和形象思维。

积累应用：教师设计了针对重点字词的选择填空练习、重点词语的扩充积累、形近字的比较、易错字的重点笔画当堂写一写等环节，使学生能够在课堂上积累下好词，丰富语言。

4. 技术准备

（1）查找生字字理的相关资料。

（2）根据教学设计制作多媒体演示文稿。

（三）教学目标

（1）认识 13 个汉字，规范书写。正确书写易错字"炼、隆、缺、喷"。

（2）利用预习作业针对易错的音、形与同学交流，培养主动识字的愿望和良好的识字习惯。

（3）通过对本课词语的资源开发，引导学生总结归类字词特点，进一步了解偏旁表义的记字方法，逐步培养学生独立识字的能力。

（4）运用字理教学的方法使学生了解字形的意义，帮助学生区分形近字、同音字，把字形掌握牢固。利用猜图、对比等方法培养学生对汉字的探究精神，培养学生的形象思维并从中感受汉字文化的魅力，提高学生对汉字的浓厚兴趣，激发学生对汉字文化的热爱。

（5）培养学生查字典的意识，让学生学会运用查字典的方法理解词语的意思，养成良好的识字习惯。

二、吟诵教学

（一）吟诵教学的传承

近年来，古诗词文吟诵越来越多地受到社会的广泛关注和重视。中小学语文教师群体对此反响尤为强烈，这与长期以来语文教学中古诗词文教学的困境有关，即教学中不重视读或读的方法，更多的是庖丁解牛式地对古诗词文进行肢解解读，难以调动学生的学习兴趣，更降低了教学效果。

吟诵，是古诗词创作与教学的主要方式，它与朗读、吟唱（或唱歌）不同，具有传统性、地方性和即兴的特点。正如叶嘉莹先生所说，"我以为中国古代诗歌之生命，原是伴随着吟诵之传统而成长起来的。古典诗歌中的兴发感动之特质，也是与吟诵之传统紧密结合在一起的"。六朝时期，声律之学的兴起，进一步促进了吟诵的发展。

《晋书·儒林传》中说徐苗"昼执鲲末，夜则吟诵"，《隋书·薛道衡传》称"江东雅好篇什，陈主尤爱雕虫，道衡每有所作，南人无不吟诵焉"，李白《游太山》："清斋三千日，裂素写道经。吟诵有所得，众神卫我形。"作为汉语文化圈中历史悠久的创作与阅读方式，吟诵贴近汉语的声韵特征，可以让诵习之人获得音乐美感的享受。同时，在此过程中，阅读时间拉长，有利于将自我情感与作品意蕴融合沟通，能更好地提高记忆效果、加深情感体验，达到陶冶情性的目的。

然而，由于20世纪中国社会的巨大变革，传统中国喜闻乐见，甚至作为"常识"存在的吟诵，逐步淡出教学过程，为人们所忘记，成为一种绝学。至20世纪90年代，只有部分接受过传统文化教育的老先生掌握了吟诵的方法和技巧。一方面是古诗词文教学多难以调动学生的兴趣且寻解无方，另一方面是接受过传统教育的老先生逐渐离世，这些情况引起了有识之士的重视。近年来，随着叶嘉莹先生及其弟子陈少松、张本义等人的大力倡导，吟诵重新回到了人们的视野。以首都师范大学徐建顺为代表的吟诵研究者，抢救性地采录各地老先生的吟诵录音，继而在全国推广古诗词文的吟诵，形成了极大的影响力。由周有光、叶嘉莹担任顾问，徐建顺、陈琴主编的《我爱吟诵》（广西师范大学出版社，2015 年版）系列，包含音频和视频，教师可以通过收听音频或收看视频，快速获得可以实际操作的教学方法。该系列丛书 2010 年的初版就广受好评，2015 年又重新修订，几乎成为全国吟诵教学的必备参考书。此外，首都师范大学"中华吟诵的抢救、整理与研究"也获批国家社科重大课题，深入研究吟诵在当代的传承问题。

（二）吟诵教学的提升

"纸上得来终觉浅，绝知此事要躬行"，进行中小学传统文化教学的教师，如果想要开始利用吟诵展开古诗词文的教学，除多听多借鉴上述成果之外，最根本之道还是加强自身有关古诗词文的各种专业知识，这样才能做到灵活运用和升华精进。简言之，主要包括以下几个方面：

第一，教师应了解和体会诗词吟诵的意义。吟诵是为了一定程度还原古诗词文中声、意相融的中国式特征，尽可能接近古人的诗词文创作语境，在平仄高低的变化中，体会诗词的音律之美背后的意境，从而更好地欣赏、领略古诗词文之美，激发人们对世间的敏锐体验与人文情怀。过去的教学中，声与意的分离，或重意不重声的方式，极大地扼杀了古诗词的美感，本质上已背离了诗词教学的目标。

第二，教师应掌握汉语，尤其是古汉语的基本声韵知识。作为单音节词为主体的古汉语，具有较为稳定一致的语音系统，六朝后期，引入四声，变得更加优美。相对而言，平声发音，平、扬，而入、去，发音险促，形成抑扬顿挫的音律美。只有充分掌握汉语的读音特征，方能明晓对象的读音，依字行腔，抓住语句抑扬顿挫的特征，吟诵起来才会悦美动人。正是因为如此，教师自己要勤学苦练，同时要教授部分声韵知识给学生。通过系统学习，需要掌握的主要汉语音韵知识有：平上去入四声调式的概念及特征；汉语发音基本规律，尤其是声母的发声常识；唐宋时期汉语读音的韵部分类常识；部分汉语搭配读音规律，如双声、叠韵等独特组合规律；古今语音变化规律。古代汉语的语音知识，较为繁复，相关专业书籍较多，教师可以经过选择，结合自己家乡的方言读音，感受语音的一些基本常识，逐步深入探究。

第三，教师应熟悉汉语文学的各种文体知识。从传说中三皇五帝时期的歌谣开始，中国文学沿着诗文两条脉络发展演化，衍生出各种亚文体。这些文体，往往具有长期、稳定的格式，严格者诸如近体诗、词和曲，会限定字数、格律。王力先生的《诗词格律》，简明扼要、通俗易懂，是初学入门的必读书目。学习各类文体知识，有利于掌握诗文结构层次、感情脉络，从而方便教师顺利教学。

吟诵教学的目的之一是由声导向意，因此教师应从吟诵技巧逐渐过渡到声与意融合的教学。重视吟诵而不止于吟诵，对教师的知识储备提出了更高的要求。教师应了解中国古代诗词发展的基本历程，了解中国古代抒情方式的变迁。中国古代诗歌从先秦两汉的"言志"，发展到六朝的"吟咏情性"，再到唐宋时期词的"按曲而歌"。诗人创作观念逐步发生变化，带动诗作中造词造句、意象选择和情感表达的转变。除此之外，教师还应孜孜不倦地学习中华优秀传统文化，尤其是研读各类经典文本，只有在对传统中国士大夫精神世界有了深切感知的基础上，才能对所教诗词文的内涵情感有精准的理解，才能具备感染学生的力量，如此才能使古诗词文教学摆脱旧有僵化的模式，使它们在学生的生活与精神世界中"活起来"。

第二节　古诗文写作的拓展案例

亚里士多德在《诗学》中曾严肃指出，相对于历史而言，诗更能接近真实。此说虽有挑起学科的意气之争的嫌疑，但对启发我们深入思考文学价值具有无可替代的重要意义。诗人用敏感、细腻的心灵，体验着世界的一举一动，然后用精美的语言定格，分享刹那间的洞察体悟，细致入微地展现着人类对周遭的认识。通过阅读诗歌，读者可以通过代入，丰富自己的体验。同时，文学还可承载道德观念，具有教化人心的功效。正因如此，各国语文教育中，文学一直占据相当大的比重。诗教，是中国文学的悠久传统之一，历来为人所重。正因文学具有感动人心的魅力，近现代梁启超、胡适等人启蒙新学之时，文学仍承担巨大的启蒙任务，并取得了成功。

作为诗歌的王国，中国优秀传统文化中诗文成就相当可观。据保守统计，中国古代诗歌有100多万首。庞大的数量，丰富的内容，深刻的体悟，精妙的技巧，皆展现着民族语言最为精妙的一面。[1] 文章方面，从《尚书》《周易》等作品来看，中国古代文章写作，同样源远流长，具有非常优良的传统，脍炙人口的作品层出不穷。这些文章，体式多样，既有卷帙浩繁的史书，也有短小精悍的抒情写志之作，皆彰显着历代作家圣手的高超笔法。学生接触、学习这些作品，势必感知祖国文化的博大精深，也可以琢磨借鉴文章中的成功笔法，积累自己的写作技能。

---

[1]　张志公. 传统语文教育初探［M］. 上海：上海教育出版社，1962.

一、现行教材古诗文内容与编排特点的分析

第一学段（1~2 年级）的古诗浅显，内容以写景、孩童生活为主，贴近生活，容易理解，所以在学习上可以重点通过画图，想象诗中意境来让学生们理解吟诵积累。第二学段（3~4 年级），随着学生年龄的增长，思维能力增强，教材选编的古诗内容更为丰富，包括节日、神话传说、风景、农家生活等，选材更广。除此之外，也选用《笠翁对韵》《论语》等各类经典及谚语、对联，并加入成语故事。第三学段（5~6 年级），编者加重经典诗词的分量，在六年级第一学期语文第六组编排了一个单元的综合性学习：轻叩诗歌的大门。通过综合性学习的方式，引导学生在更宽广的天地中吸收经典文化，领略诗词曲的魅力，为阅读写作打下坚实的基础。同时，收录文言文《伯牙绝弦》，把经典文化又做了一次纵深的拓展。而在六年级下册的语文教材中，书后不仅附录了 10 首古诗词，还选入了两篇文言文《学弈》《两小儿辩日》，与学生的生活状态较接近，让学生感受古人学习、辩论的情景。

诗歌是诗人所描绘的生活图景和所表现的思想感情相融合而形成的一个充满诗意的艺术境界。现行教材中诗歌是大类，从题材来看，主要分为以下几类：爱国诗，如陆游的《示儿》等；咏物诗，借吟咏自然或社会事物来表达思想感情，常用象征、比拟等手法托物言志，如陆游的《卜算子·咏梅》、于谦的《石灰吟》、王冕的《墨梅》等；边塞诗，描写边塞风光与将士生活，如王之涣的《凉州词》、王昌龄的《出塞》等；送别诗，如王勃的《送杜少府之任蜀州》、李白的《送孟浩然之广陵》等；记行诗，如马致远的《秋思》等；咏怀诗，如曹植的《七步诗》等；爱情诗，如《迢迢牵牛星》、李商隐的《无题》（"相见时难别亦难"）等；讽喻诗，如罗隐的《蜂》、林升的《题临安邸》等；哲理诗，如苏轼的《题西林壁》、朱熹的《观书有感》等；童趣诗，如《牧童》等。

二、从仿写到自由创作

语文教学的本质是听、说、读、写并重，但写又是我们教学中的难点，很多教师都说不知如何教学生写好作文，学生一听到写作文就紧皱眉头、无话可说，对作文持消极态度，甚至厌恶作文，感觉不到习作的快乐。那么，怎样在传统文化教育中解决这一难题呢？读写结合是良方。教师应启发学生选准练笔对象，找到仿写的突破口。学生可在规定的范围内自由地选择内容进行仿写，使他们在学习语言的最初阶段以模仿为"阶梯"，最终学会自由创作。

因此，在阅读教学中要求教师努力挖掘教材的潜力，贴近学生实际，引导学生关注现

实，表达真情实感，寻找读写结合的生成点，设计各种形式的片段练习，培养学生运用语言文字进行表达和交流的能力；让学生认识世界、认识自我，进行创造性表述，收获成功的喜悦；为学生的自主写作提供有利条件和广阔空间，减少对学生写作的束缚，鼓励他们自由表达，表达有创意的想法，鼓励写想象中的事物，消除他们的畏难情绪，最终实现童心飞扬的目的。

（一）抓住现行教材中古诗的各种手法让学生们进行仿写

1. 抓住古诗中的修辞手法进行仿写

如贺知章的《咏柳》："碧玉妆成一树高，万条垂下绿丝绦。不知细叶谁裁出，二月春风似剪刀。"在学生理解、熟读成诵后，抓住"不知细叶谁裁出，二月春风似剪刀"两句提问："作者把什么比作什么？为什么这样比喻？"学生回答后，进一步引导学生："作者的想象真奇特，竟然把春风比作剪刀。你们会这样想吗？让我们也来学学作者的奇思妙想，试试用比喻的手法，学做小诗人，用四句话来写写春天的景物吧！"果然，学生们兴趣高涨，有的抓住春天燕子的特点，有的抓住春天桃花的特点，运用比喻手法写下了一首首小诗。如《咏燕》："黑身俊俏尾似剪，天中掠过唧唧鸣。燕群天中南方来，春天消息由它取。"又如《咏桃花》："红玉缀成满枝头，千朵万朵压枝低。引得蜜蜂纷纷至，二月春风香满天。"他们互相品评诗作，收获自信与满足。

2. 抓住古诗中的白描手法进行仿写

如朱燕的《春日》："胜日寻芳泗水滨，无边光景一时新。等闲识得东风面，万紫千红总是春。"可以抓住"春"这个点对学生提问："诗中哪些句子是描写春天的？""无边光景一时新。等闲识得东风面，万紫千红总是春。""是啊，作者没有具体写春天里的景物，但是却让我们的眼前出现了一幅色彩斑斓的画面，你们知道是什么原因吗？""你们能学着作者不特写某个景物的手法，来写写其他三个季节吗？"学生们有的描写了盛夏里彩裙飘飘的美景；有的描写了秋天里枫叶红红火火的色彩美；有的描写了冬天的雪中红梅。无不体现出诗歌的画面美。如蒋晨微的《夏》："盛夏寻芳镇安园，无边光景一时新。等闲识得夏日面，宽裳翩翩避酷日。"如除雨琪的《秋》："红叶似蝶纷纷落，桂花树上香满天。菊花盛开朵朵艳，引得路人皆陶醉。"如张启迪的《冬》："鹅毛群群飘飘落，无边风景一片白。万点冬意入人间，芬芳迷人一群群。"学生们通过训练，在短短的5分钟里了解了什么是白描，省时高效。

3. 抓住古诗中的其他手法进行仿写

学习《村居》《所见》《乡村四月》后，可以让学生运用描写典型景物的方法，以

"城市"为题进行仿写；学习《蜂》《竹石》《石灰吟》《墨梅》后，可以让学生运用描写事物特点的方法仿写其他事物；学习《游园不值》《题临安邸》后，可以让学生学习抓住景物特点的方法，并以自己游览过的名胜古迹为主题进行仿写；学习《己亥杂诗》《示儿》《秋夜将晓出篱门迎凉有感》后，可以让学生学着写写自己的感悟；学习《望湖楼醉书》《饮湖上初晴后雨》后，可以让学生试着写写气象变化；学习《清明》后，可以让学生写写其他节日诗；学习《风》《画》后，可以让学生试着用诗的形式写写谜面；学习《江南》后，可以让学生试着用反复手法来写诗作……总之，只要我们用心，就可以挖掘出更多的训练点，让学生受益。

（二）利用校本拓展课程让学生迁移学习其他写作方法

1. 学习《白马篇》中的铺陈方法

在《白马篇》中，曹植浓墨重彩地描绘了一位武艺高超、渴望卫国立功甚至不惜牺牲生命的游侠少年形象，借以抒发自己的报国激情。这首诗多次运用了铺陈手法，多角度展现了游侠的武艺高超、报国激情等，令人印象深刻。教师可以问学生，诗人是怎么写的？为什么能让我们印象这么深刻呢？接着就重点学习什么是铺陈。同时，学生们还发现《江南》这首乐府诗也运用了铺陈。课后学生们运用铺陈手法写作诗文，有的学生展现同学的高超技艺，如弹琵琶抚琴、写作画画、转魔方等，也有的写可爱的小动物，如八哥仿人语、馋鱼饿狼食者等，都非常有意思。

如励凯字的《观鱼》：吾有鱼缸一只，内置水草，放沙石，养金鱼数尾。闲，吾常观之。近观鱼之五尾，远观现红一片。个个如饿狼，见人近时，倒竖于水中，嘴一张一合兮，争先恐后。此不谓"馋"乎？投食入其内，如风卷残云般食尽，真"饿狼"也！西湖有一景，名曰"花港观鱼"。此虽不及彼，但也甚美，吾其爱之。

学生们已经能运用正迁移的学习方法来写文言文，可见经过几年的学习积累，学生们运用语言文字的能力得到了大幅的提高，功效显著。

2. 学习《道德经》的相关章节提升学生们的思维品质

《道德经》第十九章："绝圣弃智，民利百倍；绝仁弃义，民复孝慈；绝巧弃利，盗贼无有。此三者以为文不足。故令有所属：见素抱朴，少私寡欲，绝学无忧。"通过学习，学生们知道了"消除聪明，抛弃智慧，这是老子的一个基本社会主张。老子认为，不如抛弃这些文明，垃圾，使人民恢复到无知无欲、宁静不争的自然状态，而孝慈、善良这些品德自然会在人类淳厚质朴的人性中得到复苏"。在理解之后，教师引导学生思考：老子想到了如何复苏人性，那么如果要保持环境整洁，我们可以怎么做呢？学生们有的回答：

"绝扔弃丢，垃圾无有"，有的回答："绝砍弃伐，破坏无有"……在此基础上，又提高了难度，让学生们就一个问题连续说三句"绝……弃……无有……"。这样第一篇《绝丢弃扔》就正式出炉："绝丢弃扔，垃圾无有；绝砍弃伐，破坏无有；绝排弃放，污染无有。此三者，人之举手之劳也，故令记心间：保护环境，刻不容缓！伐木者愚，护林者智；乱丢弃者可耻，环卫工人可敬；排放废气者蠢，净化空气者明。故破坏环境者，必将自食其果也；保护环境者，世人皆敬之！"

教师可以加以引导：像这样饱含哲理思想的内容，可以学着老子的句式来说，除了卫生，还可以写什么主题呢？于是学生纷纷讨论，整理出了"健康""友情""山水""学习""为人处世""惜时""安全"等大类。学生的积极性被充分调动。如孙柯的《绝刀弃枪》："绝刀弃枪，杀生无有；绝打弃闹，意外无有；绝伤弃害，生命持久。此三者，轻而易举实现，故令有所属，少伤寡害，生命更久。善己者乐，善人者长命；劝人者智，自省者强；劳而富者有力，智而富者神强；知错能改者自明，助人改者受人敬。"贾筱楠的《绝排弃放》："绝排弃放，雾霾无有；绝砍弃伐，尘暴无有；绝捕弃猎，杀害无有。此三者以为日不足，故令有所属：杜绝捕杀，少私寡欲。用资者智，护资者明；知环保者志，贡献环保者有力；知是者强，创资者富：保护者久，利资以运用者，视为高明。"杜心怡的《绝打弃闹》："绝打弃闹，争执无有；绝懒弃玩，蠢人无有；绝习弃学，人才无有。此三者，以为重以足，故令有所属：勤学好思，杜绝打闹懒惰。好学者智，努力者慧。胜人者才，自胜者有力。知足者富，有志者成功。自保不顾民私，为民着想者大度。"

3. 将现代寓言、童话故事改写成文言形式

学生们有了一定的积累，自然跃跃欲试，如叶宇霄将《狐狸和乌鸦》改写成文言文《鸦与狐》：一日，鸦叼肉立于树杈间。一狐见之，曰："鸦，汝貌美也。"鸦置之不理。狐又言，曰："汝歌可听也，可否再一唱，吾洗耳恭听也。"鸦一听，喜出望外，开口即唱，肉随之掉落狐嘴中，鸦悔恨交加。

4. 根据平时积累和观察自由创作

如姚睿的《爱猫说》：余性爱猫，偶见小区之猫必追之，亲之，抚之，腻之。奈何长辈喜洁，故养猫之念虽存之已久，却只能望猫兴叹。一日，漫步于花园，时而提小虫于草间，时而抓蝴蝶于花前。玩之兴浓，忽闻"咪呜"之声。细辨之，其声似猫，然觅之无果。复前行数十步，忽见丛中有一猫，非平日所见，体形娇小，毛色金黄，若火焰之光，双目炯炯，矫首昂视。余窃喜："再爱猫却不能常与之亲近，不想今日竟于此处遇之，甚幸！"细观之，右耳有一小缺口，不知为何物所伤，心甚怜之。余屏气敛声，慢步向前，恐惊之，猫忽转首起身，似欲逃离。余灵机一动，取随身零食置于地。猫止，复蹲身嗅

之，见余不动，又试尝之。余见其小口吞咽，片刻间零食所剩无几。食毕，猫不复前之态，任余抚其背，若欣然。余心生一念：若能将之据为己有，岂不快哉？然心方一动，猫似有所觉，未及抱起，忽转身离去，入草丛，刹那间，难觅踪迹。余怅然，然转念一想：余爱猫，能友之即可，何须占有？自然万物，可爱者甚蕃，其理亦如此，爱之，赏之，足矣！

5. 运用评价引导学生提高鉴赏能力

课标提出要重视对写作的评价，应按照不同学段的目标要求，综合考查学生写作水平的发展状况。第一学段主要评价学生的写话兴趣；第二学段是习作的起始阶段，要鼓励学生大胆习作；第三学段要通过多种评价，促进学生具体明确、文从字顺地表达自己的见闻、体验和想法。在评价中，重视对学生写作兴趣和习惯的培养，鼓励学生表达真情实感，鼓励有创意的表达，引导学生热爱生活、亲近自然、关注社会。因此，通过对学生们习作范文的欣赏和修改，让学生有意识地找出其中的差距，那么随着时间的推移，学生的鉴赏能力自然能有所提高。

为什么学生能很自然地进行古诗文写作呢？首先，学生在潜移默化的浸润中积累了大量的成语、古诗词经典佳句，厚积薄发，等到合适的时机就能自然而然地表达出来。其次，教师在指导时注意让学生了解古代诗歌的特点，学生在写作时就能避免句式不齐的情况。最后，仿写这一形式，降低了学生写作的难度：内容选择可以与学生们的生活紧密结合，这对学生们来说容易达成；句式可以仿照，或五言、或四言、或七言，简短的语言容易习得，所以句式写作对学生们来说难度也不大；修辞可以仿照，比喻的、拟人的，对他们来说，他们所熟悉的故事、童话、儿歌里这些修辞手法比比皆是，而他们只是把这些手法迁移运用到自己的诗文写作当中，调动他们原先的经验罢了。自然地，这项训练让学生们获得了成功的喜悦，作文就不再成为阻碍他们的"拦路虎"了。另外，古代诗歌的仿写耗时不多，5~8 分钟基本就能完成，因此可以在课堂教学中经常训练，不仅能训练学生们简洁运用语言的能力，而且能激发学生们大胆运用修辞进行写作的能力。

（三）古诗文读写结合训练中应注意的问题

1. 评价要求应适中

低段学生刚进入小学没多久，他们的阅历、知识储备、语言积累相对来说比较有限，对于事物的理解也并不一定是全面完整的。因此，只要他们所写的诗作略有可取，就应加以表扬，以激发他们写作的兴趣，避免挫伤他们的积极性。另外，学生们在练写诗作时，能努力学习古诗最基本的形式特征，诸如句式整齐，字数统一即可。对于学生的诗作要以鼓励为主，不搞一刀切。只要学生能写出基本符合要求的作品都应予以鼓励，写不出的也不要苛求，如果一味苛求就违背了提高他们综合素质的初衷，反而会增加他们的负担。

2. 重感悟，重实践，少理论

古诗讲究对仗、平仄等，这些内容涉及语音、文字、词汇、语法、修辞、文体、文学等相对抽象的理论性知识，在教学中应根据语言运用的实际需要，从所遇到的具体语言实例出发进行指导和点拨。

指导与点拨的目的是帮助学生更好地进行阅读与表达，形成一定的语言应用能力和良好的语感，而不在于对知识系统的记忆。因此，要避免脱离实际运用，只围绕相关知识的概念、定义进行"系统、完整"的讲授与操练，而重在让学生们积极实践并练写感悟。如果能学着反映生活，达到诗的意境，就是一篇佳作。如果学生达不到这些要求，可以指导学生们进行修改。同时，可以给学生讲一讲王安石修改《泊船瓜洲》中"春风又绿江南岸"的故事，也可以讲一讲"推敲"一词的由来，告诉学生们"文章不厌百回改"，好诗是改出来的。只要我们教会学生在"万卷书"中不倦遨游，在"笔墨"之中辛勤耕耘，就一定会建好"读写结合"这座大厦。

第三节　传统文化融入小学语文教育的其他案例

一、渗透课程模式

如前所述，当前小学传统文化教育实施课程化主要采用两种方法：一是增设传统文化类科目，即单一课程模式；二是融入学校既有课程，即渗透课程模式。渗透课程模式，除了在课本内容中融入传统文化教育内容之外，还可以另外开发与课程内容相关、具有特色主题的校本课，这些课程内容不单独设科，只是辅助性地出现于如数学、美术、科学、劳动、音乐、体育等课程安排中。[①]

二、教学科目的实践

利用美术、音乐等展开传统文化教育是最常见的方式，因为这些科目拥有较多直观的、传统文化教学主题鲜明的内容。例如，传统绘画艺术赏鉴与技法、书法、戏曲、传统

---

① 曹明海. 语文课程教学论 [M]. 济南：山东人民出版社，2007.

体育游戏等，从教学内容到方法等都已经比较成熟。因此，我们在此着重介绍在数学、科学等平常容易被传统文化教育忽略的科目中展开教学的实例。

将数学教育提升到文化传承的高度来认识，是数学教育的价值追求，也是对数学教育本质的回归。今天，人文、自然、社会的学科分类，很容易使人忽视自然科学中的人文根基，即诸如数学、天文、化学等最初都是源于人类对世界与自身认知的渴求，甚至可以说，人类的一切知识都源于此。传统文化教育视野下的数学教学，事实上只是在做一种"回归"，一是使学生得以熟悉本民族在过去的历史中的数学成就，增强民族文化自信心；二是使学生认识中国传统的数理思维与表述方式，以及中国古代的先贤如何运用数学来认识世界，让学生体悟本民族的思想文化。

利用数学科目开展传统文化教育，可以从两个方面展开：一是依据课程内容，将中国古代数学名著中相关的内容与文化思想渗透进去，如对于《九章算术》中的分数、负数及其加减运算法则，《周髀算经》中记录的勾股定理，可以摘出原始文献给学生阅读学习。二是中国古代传统数学具有极为重视实际运用，用以解决生活中的问题这一面，而中国古代的一些工艺也体现着中国独特的数学思维。在教学中可以灵活运用这两种方法，针对中小学不同年龄段的学生调整课程内容的难易度。

上海张江高科实验小学教研组曾做过一些很好的尝试。如从数学的眼光来看语文课《曹冲称象》中蕴含的化整为零的数学思想，将故事中所存在的等量关系和教材中的知识点进行了有机结合；又如《狡兔三窟》中的周期问题；《田忌赛马》中的排列及其优化问题等。此外，该校教研组还开发了笑话中的数学、诗歌中的数学、灯谜中的数学、计谋中的数学等教学内容，囊括小学数学的各个年级段。作为课题的实践单位，宁波镇安小学的特色则重在通过传统工艺来讲解数学、科学知识，开发了一些备受学生欢迎的课例。

三、案例"中华扇子"（六年级）

【编者按】综合运用美术、数学、语文、历史、自然、劳动等课程的知识

【课例呈现】

（一）前期准备

让学生了解宣纸、墨等的特点；对班级学生的书法、绘画功底的排查；材料的准备。

（二）教学目标

1. 初步了解扇子的历史、相关知识，认识扇面绘画的特点。

2. 让学生运用圆的知识，合作探究扇面是不是同心圆。

3. 运用同心圆的知识制作扇面，并学习简单的裱画技巧。

4. 学习运用拓印、水墨画的方法创作扇面画，初步培养学生的国画创作能力。

5. 通过欣赏和创作扇面画，激发学生学习中国画的兴趣，增强他们对祖国传统艺术的热爱之情。

（三）教学的重点和难点

重点：让学生运用圆的知识，合作探究扇面是不是同心圆。

难点：学习运用拓印、水墨画的方法创作扇面画，初步培养学生的国画创作能力。

（四）教学教具的准备

教师：课件、扇子、图片。

学生：宣纸、铅笔、圆规、直尺、线、图钉、量角器、卡纸、剪刀、毛笔、调色盘、墨、水彩颜料。

（五）教学过程

1. 情境导入

（1）在圆形镜卡上贴"竹子"图片。

加边框、加扇柄，显出"团扇"造型。

（2）游戏体验加深印象。

"连一连"游戏："寻找扇子的主人"。

折扇—文人、士大夫；团扇—仕女；羽扇—诸葛亮；掌扇（仪仗扇）—君王出行；舞扇—舞蹈演员。

（3）人文滋养，深入欣赏《题扇桥的故事》。

①看视频——《题扇桥的故事》。

②引出艺术价值话题。

师：为什么老婆婆的扇子开始卖不出去，后来一下子全卖光了呢？

生：因为王羲之题了字后，这些扇子全成了艺术品，具有了艺术价值。

2. 研究扇面是不是同心圆。

（1）质疑。

师：同学们，刚才我们了解了扇子的历史，知道了古人对于谁用什么扇是很有讲究

的。今天，我们就来研究一下扇面。老师这里有一个扇面，看着这个扇面，你能提出和数学有关的问题吗？（出示实物）

生 1：扇面是圆环的一部分吗？

生 2：扇面是同心圆吗？

生 3：……

师：老师觉得你们的问题特别有价值，现在就让我们一起来研究这些问题吧。

（2）合作探究（事先准备 6~8 个扇面，可呈现在 A3 纸上）扇面是否是同心圆。

①说明学习任务。

师：老师给每个小组准备了一些素材，提供给大家使用。一会儿大家合作的时候，需要完成以下任务单，大家一起讨论完成，并将结果填入任务单中。

②完成学习任务。

表 5-1　任务单

测量内容	测量结果
外圆半径	
内圆半径	
外圆形成的角度	
内圆形成的角度	
内、外圆圆心的距离	
我们的发现	

③交流研究结果。

师：哪组愿意来分享你们的学习成果？（投影展示）

师：老师收集了大家的结果，让我们来看一看。

生：有些数据很接近，但不一样。

师：在测量过程中产生一定的误差在所难免，我们只要尽可能做到精准就可以了。刚才同学之间的合作非常愉快，老师想为大家点赞。

（3）制作扇面模型。

①引出制作。

师：从刚才的研究中，大家对扇面有了一定的了解，发现了扇面的秘密。

生：扇面不是同心圆。

师：想不想自己尝试做一个扇面呢？现在就让我们以刚才研究出来的结果扩大 2 倍后的数据来进行制作吧。在大家的桌面上有很多材料，大家 4 人一个小组，合作制作一个扇

面，扇面大小以可以放进 2K 纸为准。（可以出示 2K 大小的纸）

②小组合作制作。（教师用手机拍摄学生的制作过程）

③制作过程视频回顾，总结。（手机视频投影展示）

师：刚才大家是怎么制作扇面的？

生：（说明）

师：（播放视频）

（4）模型复制。

师：现在请大家将做好的模型复制在宣纸上，注意先用铅笔画在宣纸的背面，画的时候笔触要轻，不要将纸戳破，画完之后再用剪刀剪下来。

（5）展示扇面制作成果。

师：请各组派一位代表带上制作完成的扇面到讲台前来进行展示，互相学习。

3. 扇面艺术创作。

（1）欣赏优秀的扇面艺术品

师：同学们，刚才我们已经制作了扇面，但这些扇面看着比较单调，让我们一起来让它们变成一件件艺术品吧。在这之前，先让我们来欣赏一些艺术品。

（2）构图分析。

师：这些艺术品都非常精致，我们一会儿就要用竹子在我们的扇面上创作一幅作品。老师这里有一些作品，请大家先来判断一下哪种构图方式比较合理。

（3）学生初次尝试运用竹子拓印体验画扇面。

师：我们可以先在刚才多余的宣纸上试验竹子的拓印效果。

（4）再次体验拓印。

①提出问题。

师：刚才大家在拓印时，遇到了哪些问题？

生 1：渗水太快。

生 2：太淡。

②教师说明展示。

师：（说明如何克服这些问题）

4. 创作一幅扇面图。

师：现在就让我们的扇子也变成一件件艺术品吧！

（1）制作扇面作品。

（在感受扇面作品艺术特点的基础上，鼓励学生用水墨画的方式进行临摹或创作）

（2）展示作品。

师：请大家把作品贴到黑板上。

（3）交流评价。（开展一些全班性的评价交流活动，进行共同的学习与提高）

师：你觉得你喜欢哪一幅扇面画？从是否有自己的想法、画面的安排是否好看等方面谈一谈。

5．点题总结。

（1）小结。

师：从中华扇子可以看出传统艺术的优秀与伟大。各位同学画的扇面也非常优美！

（2）国学熏陶。

师：最后老师赠予同学们一首白居易的诗歌——《白羽扇》："盛夏不销雪，终年无尽风。引秋生手里，藏月入怀中。"（全班齐读，结束此课）

（宁波镇安小学任超琼、林小桃）

参考文献

［1］张志公. 传统语文教育初探［M］. 上海：上海教育出版社，1962.

［2］曹明海. 语文课程教学论［M］. 济南：山东人民出版社，2007.

［3］曹明海. 语文教育观新建构［M］. 济南：山东人民出版社，2007.

［4］桑海燕. 小学语文两种思维结合学习论［M］. 北京：教育科学出版社，2016.

［5］肖俊宇. 小学语文学科教育［M］. 北京：教育科学出版社，2016.

［6］唐晓敏. 中国传统语文教育智慧［M］. 桂林：广西师范大学出版社，2017.

［7］陈燕. 小学语文中华传统文化 中华经典主题文化［M］. 宁波：宁波出版社，2017.

［8］赵士慧，郑雯. 中学语文教育中的传统文化传播与互动［M］. 青岛：中国海洋大学出版社，2017.

［9］何俊. 实践本位的传统文化教育创新模式［M］. 杭州：浙江教育出版社，2018.

［10］黄莉. 贵州传统文化在小学语文教学中的渗透探析［M］. 长春：吉林人民出版社，2019.

［11］杨陶玉. 传统文化在小学语文阅读教学中的运用［J］. 科学咨询（教育科研），2021，（03）：258～259.

［12］何绪美. 探析核心素养背景下的小学语文古诗词教学策略［J］. 天天爱科学（教学研究），2021，（04）：51～52.

［13］臧荣琪. 在小学语文教学中开展经典诵读活动的实践心得［J］. 天天爱科学（教学研究），2021，（04）：197.

［14］何玉顺. 基于核心素养下的小学语文经典诵读实施方法［J］. 文理导航（下旬），2021，（03）：36～37.

［15］陈永. 传统文化教育在小学语文阅读教学中的融入［J］. 参花（下），2021，（03）：54～55.

［16］张爱明. 小学语文经典诵读策略研究［J］. 学周刊，2021，（10）：65～66.

［17］王玲. 新课程背景下小学语文教学中渗透德育的策略［J］. 学周刊，2021，（10）：131～132.

[18] 任红梅. 传统文化在小学语文中的构建和体现 [J]. 学周刊, 2021, (10): 155~156.

[19] 汤丽君. 诵国学经典, 品百味人生——论小学语文教学中如何诵读国学经典 [J]. 课外语文, 2021, (07): 25~26.

[20] 丁丽娟. 小学语文教学中运用思维导图促进学生思维发展研究 [J]. 课外语文, 2021, (07): 88~89.

[21] 周海艳. 提高第一学段识字效率的意义 [J]. 新智慧, 2020, (36): 91~92.

[22] 高春玉. 小学语文主题式阅读教学策略 [J]. 新智慧, 2020, (36): 107~108.

[23] 姚婷媛. 如何在小学语文教学中渗透传统文化 [J]. 小学生 (下旬刊), 2021, (01): 57.

[24] 何丽. 传统文化在小学语文教学中的渗透 [J]. 小学生 (下旬刊), 2021, (01): 60.

[25] 刘莉. 小学语文综合性学习实施现状与原因分析 [J]. 考试周刊, 2020, (A4): 35~36.

[26] 王彩萍. 基于语文核心素养的小学语文 "综合性学习" 实施策略 [J]. 考试周刊, 2020, (A4): 47~48.

[27] 杨文忠. 基于核心素养背景下提高小学语文课堂教学有效性的策略研究 [J]. 考试周刊, 2020, (A4): 53~54.

[28] 王宇. 小学语文古诗词教学策略研究 [J]. 新课程教学 (电子版), 2020, (24): 96.

[29] 赵友敏. 基于核心素养导向的小学语文教学 [J]. 新课程教学 (电子版), 2020, (24): 16~17.

[30] 王俊丽. 优秀传统文化与小学语文教学融合策略 [J]. 新课程教学 (电子版), 2020, (24): 36~37.

[31] 曹晓燕. 浅谈传统文化在小学中高年级语文教学中的渗透路径 [J]. 读写算, 2020, (36): 45~46.

[32] 蔡萍. 谈儿童文学作品在小学语文朗读教学中的运用 [J]. 教育界, 2020, (52): 62~63.

[33] 张彩霞. 小学语文高段中古典名著的教学经验分享 [J]. 清风, 2020, (24): 84.

[34] 严雪虹. 笑山花烂漫, 品识字芬芳——小学语文低年级识字教学 [J]. 清风, 2020, (24): 54.

[35] 李晓梅. 跟随课程教育改革步伐, 创新小学语文教学课堂 [J]. 教师, 2020, (36): 27~28.

[36] 林斯雅. 部编版小学语文教材插图的特征及应用策略 [J]. 教师, 2020, (36): 35~36.